本著作由湖南大学外国语学院资助出版

长沙方言体貌特征的生成语法研究

鲁曼 ◎ 著

图书在版编目(CIP)数据

长沙方言体貌特征的生成语法研究／鲁曼著.—北京：中国社会科学出版社，2022.2
　ISBN 978-7-5203-9555-7

　Ⅰ.①长… Ⅱ.①鲁… Ⅲ.①湘语—语法—方言研究—长沙 Ⅳ.①H174

　中国版本图书馆 CIP 数据核字(2022)第 018664 号

出 版 人	赵剑英
责任编辑	张　林
特约编辑	乔盖乔
责任校对	夏慧萍
责任印制	戴　宽

出　　版	中国社会科学出版社
社　　址	北京鼓楼西大街甲 158 号
邮　　编	100720
网　　址	http：//www.csspw.cn
发 行 部	010-84083685
门 市 部	010-84029450
经　　销	新华书店及其他书店
印　　刷	北京明恒达印务有限公司
装　　订	廊坊市广阳区广增装订厂
版　　次	2022 年 2 月第 1 版
印　　次	2022 年 2 月第 1 次印刷
开　　本	710×1000　1/16
印　　张	14.25
插　　页	2
字　　数	235 千字
定　　价	86.00 元

凡购买中国社会科学出版社图书，如有质量问题请与本社营销中心联系调换
电话：010-84083683
版权所有　侵权必究

序　言

内在语言（I-Language）与外化语言（E-language）是近年来语言研究中出现的两个极为重要的理论概念。前者指的是先验的概念原子（Conceptual Atoms）通过先验的集合—合并（Set Merge）构成的先验的概念层级结构（Conceptual Hierarchical Structure），为人类共有的、揖别于其他动物的认知思维工具；后者指的是内在语言概念层级结构通过符号（声音的或手势的）外化表达的用于人种个体人与人之间的交流工具。无论是认为 UG 是"问题"（Problem）的乐观主义者还是认为 UG 是"奥秘"（Mystery）的悲观主义者，生成语法研究者几十年来直接或间接地进行了对 UG 的不懈的探索，为内在语言和外化语言研究积累了经验和提供了教训。

以语言研究中极为常见的时—体（Tense and Aspect）为例。在英语等外化语言中，时（Tense）以讲话时为参照点，在表达过去发生的事件或呈现的状态时，谓语动词总要以特定的词法形态表现，而在汉语等外化语言中，谓语动词词法形态则不会因表达事件/状态在时间上的不同表现出不同词法形态变化。这就是为什么许多研究者，把英语这种外化语言说成是"时态语言"，而把汉语说成是"无时态语言"（Tenseless Language）。但是，这并不能因为英语和汉语作为外化语言谓语动词表现出来的这种有/无时态的差别，断然认为英语使用者的头脑里有时态的概念，而汉语使用者的头脑里没有时态的概念。有必要把讲出的话语（language）和讲话者（language user）区分开来，即把外化了的 E-language$_{[English]}$ 及 E-language$_{[Chinese]}$ 同英语使用者及汉语使用者区分开来。而作为语言使用者，无论他们外化交流使用什么语言，他们共有的内在语言（I-Language）中概念及概念结构应该是一样的，也就是说，讲英语的人、讲汉语的人甚至使用美国手语（American Sign Language，ASL）或者北京/上海/香港手语的人都有相同关于事件发生时间的概念，甚至可以说时态是人类共有内在语言中的一种概念原子。和时态紧密相关的体貌（Aspect）也是如此。说汉语是"无时态语言"不等于说讲汉语的人没有关于事件发生时间的概念，而正相反，从一种外化语言词法形态发现的时态概念就可以推断在人类内在语言中都有，且从一种外化语言中推断出来为人类语言共有的内在语言概念，在不同 E-languages 中外化成不同的表征，共有的时态概念外化成不同外化语言的表达。在汉语研究中，最常见的做法是把时态和体貌分别开来对待，普遍认为包括普通话、各种汉语方言在内的汉语都没有动词时态词法形态标记，而当把体貌同时态分离开来单独研究时，会在某些外化语言（方言）中出现另外一些语言（方言）没有外化了的体貌概念。

内在语言一个共有的体貌概念可外化成不同的外化语言表达形式，一是词法的（词法形态或词汇生成），二是句法的。语言（方言）不同词法和句法的实现不同。而同一种语言（方言）的相同词法或句法可传达出内在语言应该有的、但很难直接探查出来的、不尽相同的细腻概念。这正是仔细发现、描写不同语言（方言）同时态/体貌相关意义的普遍语法科学研究价值。尤其是那些外化语言中表现出来的与时态/体貌概念相关的特有新奇的属性。对长沙方言的研究和对任何语言（方言）的时态/体貌研究一样，都会集中在一个描写上的问题（1）、一个理论解释上的问题（2）和（3）：

（1）长沙方言中有哪些体貌表达的词法方式？长沙方言中的同一词法表达传达哪些体貌概念？长沙方言体貌表达的句法特征是什么？

（2）从长沙方言体貌词法和句法特征能够推断出来的人类内在语言共有的概念原子和概念层级结构是什么？

（3）长沙方言的体貌词法是如何从人类共享的内在语言概念原子外化出来的，体貌句法是如何从共享内在语言概念层级结构外化出来的？

作者的《长沙方言体貌特征的生成语法研究》对这些问题给出了直接或间接的回答。尤其对长沙方言体貌特征做出了详尽细腻的描写，并为深入探究人类内在语言体貌概念结构做了生成语法句法结构理论准备，对回答（3）这个艰深的问题提供了线索。

宁春岩
天津
2020 年 11 月

前　　言

"时"和"体"是两个密切联系的概念。时（制）指的是情状时间和讲话时间之间的关系，而体指的是情状时间和话题时间之间的关系。一个情状在话题时间之前发生即是完成体，情状时间和话题时间同时发生即是非完成体。各个不同语言中，体的特征和意义并不完全相同。完成体和非完成体是两个比较突出的特征，大部分的语言中都有这两种体形式。完成体和非完成体语义上明显对立。普通话里这两种意义分别由不同的标记来表示。例如，动词尾"了"表示动作已经完成，动词前"在"表示动作正在进行，德语、法语、俄语等其他语言也都有分别用来表示完成体和非完成体意义的标记。有意思的是，长沙方言里没有完成体和非完成体明显的对立形式，并且还具有其他语言（方言）所不具备的独特特征，例如一个体貌标记既可以用来表示动作完成（或截止），也可以用来表示动作正在持续进行。另外，在有些语境中需要两个体标记共现来表示动作已经完成。那么，问题是，长沙方言如何表示非完成体意义？如何表示动作完成的意义？长沙方言的体特征在历史演变中有什么特点？这是该门语言的特性还是同其他语言共有特征的不同表现形式？这些构成了当前研究所关注的课题。

本人所著，由 Lot Publishing（Utrecht，The Netherlands）出版社 2017 年出版的博士学位论文 *The Morpho-Syntax of Aspect in Xiang Chinese* 曾对这些现象进行了分析，并提出了统一解释的方法。本书在博士学位论文的基础上继续对湘方言事实进行深度挖掘，并在原博士学位论文基础上对湘方言体的事实进行更深更广泛的探讨。本书不但增加了更多的语言事实，完善了相关理论，还将研究的视野扩展到普通话和汉语其他方言。

本书目的主要包括两方面。一方面，我们以长沙方言为例调查湘语体貌系统的句法形态特征。湘语属于普通话十大方言（普通话、湘语、赣语、吴语、粤语、客家话、闽南语、平话、晋语以及徽语）之一。在本书中，我们详细地描写了湘语长沙方言的体貌特征。另一方面，我们从普遍意义上的语法体（外部体）和词汇体（内部体）理论以及二者之间相互作用的视角，对观察到的语言现象进行分析并予以解释。本书主要关心长沙方言两个方面的特征：其一是我们称之为"体语义复合"现象，即两个体标记词叠合使用；其二是长沙方言中存在的"多义体"现象，即一个体标记能用来表示多个不同的意义。

目　　录

第一章　理论介绍 ·· (1)
　第一节　时和体 ·· (1)
　　一　时制以及普通话时制系统 ································· (1)
　　二　语法体 ·· (16)
　　三　普通话视点体（外部体/语法体） ····················· (17)
　　四　事件论元的允准与普通话时制锚定 ·················· (20)
　　五　词汇体 ·· (26)
　第二节　终结点语义和句法特征 ································ (27)
　　一　普通话终结点语义 ··· (29)
　　二　普通话终结点意义的句法 ································ (34)
　第三节　小结 ·· (41)

第二章　动词+"哒" ·· (42)
　第一节　引言 ·· (42)
　第二节　基本事实 ·· (44)
　　一　"哒"与事件性动词 ··· (45)
　　二　"哒"与"放置"类动词 ······································ (46)
　　三　"哒"与方式副词修饰的活动体谓词 ················· (48)
　　四　"哒"与进行体意义 ··· (49)
　　五　小结 ··· (52)
　第三节　文献介绍 ·· (53)
　　一　"哒"与完成体/进行体语义叠合 ······················· (53)
　　二　"哒"与状态转变标记 ······································ (54)
　　三　小结 ··· (55)
　第四节　文献评论 ·· (55)

一　动态性与"哒"的语义无关…………………………（55）
　　　二　"哒"不是一个状态转换标记……………………（57）
　　　三　小结…………………………………………………（61）
　第五节　新的方法：哒_完成和哒_进行……………………………（62）
　　　一　"哒"与方式等副词…………………………………（62）
　　　二　"哒"与否定式结构…………………………………（63）
　　　三　"哒"与动词前"在咯"以及句尾"在咯"………（64）
　第六节　句尾"在咯"的语义解释…………………………（65）
　　　一　句尾"在咯"是语气词吗？………………………（65）
　　　二　句尾"在咯"（动词前"在咯"）……………………（67）
　　　三　句尾"在咯"以及现在时语义……………………（70）
　第七节　区分哒_完成和哒_进行………………………………（75）
　　　一　事件论元的允准，"哒_完成"和"哒_进行"………（75）
　　　二　普通话时制定位……………………………………（76）
　　　三　回到长沙方言………………………………………（79）
　　　四　"哒"与进行体标记…………………………………（82）
　　　五　"哒"与否定式结构…………………………………（82）
　第八节　小结…………………………………………………（83）
第三章　动词+"咖"………………………………………………（85）
　第一节　引言…………………………………………………（85）
　第二节　基本事实……………………………………………（88）
　　　一　"咖"与强制性语境…………………………………（88）
　　　二　选择性"咖"…………………………………………（94）
　　　三　省略/插入"咖"会引起语义差异…………………（95）
　　　四　小结…………………………………………………（97）
　第三节　现有文献介绍………………………………………（98）
　　　一　"咖"是一个完成体标记……………………………（99）
　　　二　"咖"与事件界限标记……………………………（100）
　　　三　小结…………………………………………………（102）
　第四节　文献评论……………………………………………（102）
　　　一　"咖"不是一个完成体标记………………………（102）

二　"咖"不是一个事件界限标记……………………………（109）
　　三　小结………………………………………………………（110）
第五节　"咖"的语义解释："咖"用来标记终结点特征…………（110）
　　一　"咖"与达成体动词………………………………………（111）
　　二　"咖"与状态变化动词……………………………………（115）
　　三　"咖"与"把"字句………………………………………（124）
　　四　"咖"与［V+光杆名词/指示语+NP］的句子……………（130）
　　五　小结………………………………………………………（134）
第六节　新的方法："咖"与内部体投射…………………………（135）
第七节　解释事实……………………………………………………（138）
　　一　"咖"与不同类型的谓词…………………………………（139）
　　二　"咖"与句子语义歧义……………………………………（142）
　　三　"咖"与否定结构…………………………………………（142）
　　四　小结………………………………………………………（143）
第八节　"咖"似乎表示完成体意义的句子………………………（143）
第九节　小结…………………………………………………………（146）

第四章　来自溆浦方言和普通话的证据……………………………（148）
第一节　引言…………………………………………………………（148）
第二节　溆浦方言以及其体系统……………………………………（149）
第三节　溆浦持续体标记"到…在"………………………………（149）
　　一　［V+到…在］≠［在+V］………………………………（151）
　　二　两个"到"………………………………………………（153）
　　三　小结………………………………………………………（155）
第四节　普通话"着"………………………………………………（155）
　　一　"着$_{完成/进行}$"还是"着$_{持续/进行}$"？…………（156）
　　二　"着"在结果状态中表示完成体标记……………………（159）
　　三　"了"/"着$_{完成}$"…………………………………（163）
第五节　"哒"和"着"……………………………………………（164）
第六节　"着"与"哒"之间的历史关系…………………………（166）
　　一　"着"的历史发展………………………………………（166）
　　二　"哒"的历史发展………………………………………（168）

第七节　小结……………………………………………（171）
第五章　结语………………………………………………（173）
　　第一节　"咖"的句法和语义特征………………………（173）
　　第二节　"哒_{完成}"和"哒_{进行}"………………………（175）
　　第三节　溆浦方言"到…在"以及普通话"着"………（176）
　　第四节　长沙方言体貌系统的句法形态特征…………（177）
附录1　长沙方言相关语料………………………………（179）
附录2　达成体和实现体动词结构差异的句法解释——以汉语
　　　　湘方言为例……………………………………（180）
　　第一节　引言：达成体和实现体动词…………………（180）
　　　　一　术语界定和问题的提出………………………（180）
　　　　二　普通话…………………………………………（182）
　　第二节　长沙方言"咖"…………………………………（186）
　　第三节　分析……………………………………………（191）
　　　　一　结构假设………………………………………（191）
　　　　二　Asp2……………………………………………（193）
　　第四节　回到长沙方言"咖"的用法……………………（196）
　　　　一　如何解释 Ph 成分？……………………………（197）
　　　　二　回到"卖"………………………………………（198）
　　第五节　结论……………………………………………（200）
参考文献……………………………………………………（208）
后　　记……………………………………………………（216）

第一章 理论介绍

第一节 时和体

本章将介绍本书所借用的一些理论工具,主要包括现有文献关于时制和体的一般理论,以及人们关于普通话时制和体特征的一些分析和看法。

一 时制以及普通话时制系统

任何现实世界里的情状都必须通过说话时间和话题时间实现时制①锚定(Reichenbach,1947②;Klein,1994③)。情状时间和说话时间是间接的,二者通过 Reichenbach 所说的主题时间联系起来。时制主要关心事件或情状在时间轴上的位置。它将事件或情状和其他时间联系起来。后者通常指说话时间(Comrie,1976:2-3④)。广义上讲,事件或情状在参照时间之前发生或存在,句子表示过去时。而如果事件或情状与话语时间同时发生,表示现在时。当事件或状态发生或存在于话语时间之后,则句子表示将来时。

生成句法里时制在句法结构上进行投射(Chomsky,1981;Pollock,1989;Belletti,1990;Haegeman,1991;Radford,1997;

---

① 关于这个词的说法不一,有人称为"时态",有人称为"时制",我们倾向于使用"时制",用来指语法意义上的时间意义"T(ense)"。

② Reichenbach, Hans (1947) Elements of Symbolic Logic, New York: Macmillan & Co.

③ Klein Wolfgang, *Time in Language*, London: Routledge, 1994.

④ Comrie Bernard, *Aspect*, Cambridge University Press, 1976.

Li，2007，2015①等）。时制投射所形成的功能语可以看作 IP（屈折语）或者 IP 的一部分［IP 被分裂为 TP（时制）和 AgreeP（一致性）］。如果是 IP，它选择一个动词（短语）或轻动词（短语）做补语；如果只是 IP 的一部分，那么它往往会选择 Asp（体）做补语。TP（时制）本身是 CP（标句词）的补语。TP 结构表示如（1）。

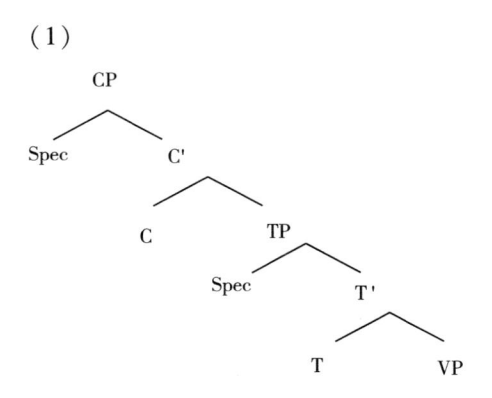

（1）
```
         CP
        /  \
     Spec   C'
           /  \
          C    TP
              /  \
           Spec   T'
                 /  \
                T    VP
```

树形图（1）表示时制在句法上的基本结构。值得说明的是，目前我们并没有将体貌结构纳入进来。但这并不是说，体貌特征对我们不重要。我们在以后的讨论中会不断深化我们的结构。目前而言，我们只是关注长沙方言里时间意义的表示方式。并不是所有的语言都通过句法结构方式来表示句子时间意义，即使那些依靠结构来表示时间意义的语言也会使用不同的方式来表示事件或状态发生或存在的时间。也并不是说所有的语言都通过动词的曲折变化来表示时间意义（Comrie，1985②），普通话动词没有曲折形式变化。普通话是否具有语法意义上的时制成分一直存在争议。

---

① 提出时态在句法上占有一个节点的文献很多，代表性的有：Pollock, J.-Y., "Verb Movement, Universal Grammar, and the Structure of IP", *Linguistic Inquiry*, Vol. 20, No. 3, 1989; Chomsky Noam, *Lectures on Government and Binding*, Foris, Dordrecht, 1981; Li, Y. H. A. (2007). Theories of empty categories and Chinese null elements. Linguistic Sciences. Vol. 6, pp. 37-47. Li, Y. H. Audrey, Andrew Simpson and Dylan Tsai (Ed.) (2015) Chinese Syntax in a Cross-linguistic Perspective. Oxford University Press 等。

② Comrie 1985 指出，人类语言表示时间意义的方式不尽相同，不是所有的语言都是通过曲折语来表示时间意义。Comrie Bernard, *Tense*. Cambridge University Press, 1985.

到目前为止，人们仍没有形成一定的共识。部分学者认为，普通话没有时制成分（Li & Thompson，1981[1]；Klein et al.，2000[2]；Klein，1994[3]；Hu et al.，2001；J. W. Lin，2003，2006[4]；Smith & Erbaugh，2005[5] 等）。坚持这一观点的主要原因是普通话里没有过去时/现在时的形态标记。而其他人则认为普通话具有句法意义上的时制成分（Li，1985[6]；Huang，1998；Sybesma，2004，2007 等）。其主要理由是，普通话某些句子的时间意义必须要依靠一个时制功能语或者是通过定式/不定式之间的区分才能得到解释。

接下来，我们介绍部分关于时制意义的句法分析。我们先介绍 Huang（1998）和 Li（1990），前者提出关于普通话中存在定式/不定式之分的看法。定式指的是句子含有指称时间，能在语境中进行时制锚定的句子（Sybesma，2004；Enç，1987[7]；Guéron & Hoekstra，

---

[1]　Li Charles N. and Sandra A. Thompson, *Mandarin Chinese: A functional Reference Grammar*, University of California Press, 1981.

[2]　Klein Wolfgang, Li Ping, and Henriëtte Hendricks, "Aspect and Assertion in Mandarin Chinese", *Natural Language and Linguistic Theory* 2000, 723-770.

[3]　Klein Wolfgang, Time in Language, London: Routledge, 1994.

[4]　一部分人认为，汉语不具有语法意义上的时制特征，代表性的著作包括：Lin Jo-wang, "Temporal reference in Mandarin Chinese", *Journal of East Asian Linguistics*, 2003, 259-311. Lin Jo-wang (J. W. Lin), "Time in a Language without Tense: the case of Chinese", *Journal of Semantics*, 2006, 1-53. Hu Jianhua, Haihua Pan, and Xu Liejiong, "Is There a Finite vs Nonfinite Distinction in Chinese?" *Linguistics*. 2001, 1117-1148。

[5]　Smith, Carlota and M. Erbaugh. "Temporal Interpretation in Mandarin Chinese." *Linguistics* 43 (2005): 303-342.

[6]　一部分学者认为，汉语具有语法意义上的时制特征，代表性的著作包括：Sybesma Rint, "Exploring Cantonese Tense", In *Linguistics in The Netherlands*, edited by Leonie Cornipw qne Jenny Doetjes, Amsterdam: John Benjamins, 2004, 169-180. Sybesma Rint, Whether We Tense Agree Overtly or Not. *Linguistics Inquiry*, 2007. Tsai wei-Tien Dylan, "Tense Anchoring in Chinese", *Lingua*, Vol. 118, No. 5, 2008. C. T. James Huang. 1998. Logical Relations in Chinese and the Theory of Grammar, Garland Publishing 等。

[7]　Enç Mürvet, "Anchoring Conditions for Tense", Linguistic Inquiry, VOL. 18, 1987, pp. 633-637.

1995[①];Bianchi 2003[②]等)。定式特征主要依靠句法意义上的时制来表示。普通话中无论定式还是非定式,时制意义都没有显性标示。但是如果我们能够说明,普通话句子的确存在定式/非定式的区别,那么我们应该就可以说普通话存在句法意义上的时制系统(Huang,1998:188)。

现有文献中,很多学者提出普通话存在定式/非定式的对立(参见Huang,1998;Li,1990;Tsai,2008;Sybesma,2004;T. H. Lin,2004等)。Huang(1998)认为,普通话中定式和非定式的区分尽管没有显性标记,但是我们还是能在一些句法过程中识别出来。Huang(1998)的主要证据来自词汇主语和非词汇主语在句法分布上的差异。见(2)—(3)。(2)—(3)选自Huang(1998:189)。

(2) a. 张三说他来了。
　　b. 张三相信他会来。
(3) a. 我逼李四 PRO 来。
　　a'. 李四准备 PRO 来。
　　b. *我逼李四他来。
　　b'. *李四准备他来。

例句(2)里从句的主语可以是零形式,也可以不是。但是在(3)里,句子主语必须是零形式。问题是,(3)里的主语是如何得到允准的?我们如何解释(2)和(3)之间的差异?例句(2)里的词汇主语必须被格过滤原则允准(Chomsky,1981[③])。格过滤原则见(4)。

(4) 格过滤原则:
　　*任何一个具有语音形式的名词短语必须有格。

---

① Guéron Jacqueline and Hoekstra Teun,"The Temporal Interpretation of Predication", in A. Cardinaletti and M. Guasti, eds. ,Small Clauses [Syntax and Semantics 28], New York, Academic Press, 1995, 77-107.

② Bianchi Valentina, On Finiteness as Logophoric Anchoring, Ms. Scuola Normale Superiore, Pisa, 2003.

③ Chomsky Noam, *Lectures on Government and Binding*, Foris, Dordrecht, 1981.

根据"格过滤原则",一个显性的名词短语必须被赋格。一个句子的主语只有与一个功能语投射在一定的句法结构中才能被赋格,这个功能语就是 INFL(屈折语 lnflection)或是 AUX(助动词 Auxiliary)(Huang 1998:188)。这个功能语后来成为 IP 的中心。后者分裂为几个不同的投射语,例如 TP(时制 Tense Phrase)以及 AgrP(一致 Agreement)(Chomsky 1981)。如果我们假设"格过滤原则"也适用于普通话的话,那么普通话句子中词汇形式的主语的出现,说明普通话也应该有 IP(或 TP,或 AgrP)。在 Chomsky(1981)及上述假设的基础上,Huang 认为普通话 IP 存在定式/非定式之分:定式动词允准句子词汇形式主语;而非定式情况下,句子主语只能是零形式。

George 和 Kornfilt(1981)[①] 认为不同语言采用助动词中的不同成分来表示定式。在 George 和 Kornfilt 基础上,Huang(1998)认为,助动词中任何可能出现的成分都可以用来说明存在定式/非定式之分。为了说明这一点,Huang 将普通话动词分为两种类型:一种类型包括(2)里的"说""相信"等,这类动词可以接定式从句;另一类动词包括所谓的控制类动词,例如(3)里所提到的"准备""设法""劝""逼迫"等。这类动词后接不定式从句。由于词汇形式主语必须受定式从句允准,因此只有定式从句可以带词汇形式主语。由于非定式从句里没有情态成分来允准词汇形式主语,因此非定式从句往往不允许词汇形式的主语出现。根据这些假设,Huang 认为,(2)和(3)可以看作普通话存在定式与非定式的证据。这主要是因为,"相信"和"说"的内嵌主语可以与情态动词或体标记连用,而控制类动词则不可以[见(5)—(6)]。(5)—(6)选自 Huang(1998:189),我们稍作改动。

(5) a. 我准备 [PRO 来]
    b. *我准备 [PRO 会/能/应该来]
(6) a. 我逼李四 [PRO 来]
    b. *我逼李四 [PRO 来着/过/了]

[①] George Leland M. and Jaklin Kornfilt, "Finiteness and Boundedness in Turkish", in *Binding and Filtering*, ed. F. Heny, Cambridge: MIT Press, 1981, 105-127.

例句（5）—（6）里的主语不能与情态动词或体标记词连用。它们与（2）不同，其中（2a）能与体标记连用，（2b）能与情态动词连用。在 George 和 Kornfilt（1981）基础上，Huang 认为，普通话句子里如果有助动词，就能说明普通话句子存在定式特征。（2）里两个句子的比较说明，体标记和情态动词可以出现，而在（5b）—（6b）中则不能出现，这说明普通话的确存在定式与非定式之分。

Huang 进一步指出，助动词可能包含类似于体或情态标记这样的成分，或许还可能是零形式。例如，例句（7）里，句子中存在一个零形式的情态标记，这就是为什么主语可以是词汇形式。根据 Huang 的假设，（7）里包含一个表示习惯行为的零形式体标记（P.190）。

（7）张三说 [（他）每天（来）]。

上述介绍中，Huang 提出普通话句子存在定式与非定式之分，其主要证据在于这些动词能与体或情态标记连用，例如，"会"可以出现在句子中。但是，也有语言学家（例如 Xu，1985-1986[①]；Hu et al.，2001[②]等）提出反对意见。Xu（1985—1986）认为，（5b）不合法不是由于从句的非定式特征，而是表示不确定性的情态动词与表示预见性的事件在语义上的冲突引起的。因为，"会"在普通话里不仅仅能表示将来的行为，也能表示可能性和不确定性（见 Hu et al.，2001：112）。Hu 等认为，如果"会"表示可能性，（5b）的不合法性是可以预见的："会"表示不确定性，而"准备"表示一个有计划的事件，这二者之间有语义上的冲突，所以句子不合法。

但是，在我们看来这种说法不一定正确。例如，动词"设法"也表示不确定性，它与"会"连用，句子不合法，具体例句见（8b）。

（8）a. 我设法 [PRO 明天来]

[①] Xu Liejiong, "Towards a Lexical-thematic Theory of Control", *Linguistic Review*, 1985-1986, No.5, 345-376.

[②] Hu Jianhua, Haihua Pan, and Xu Liejiong, "Is There a Finite vs Nonfinite Distinction in Chinese?" *Linguistics*, 2001, 1117-1148.

b. *我设法 [PRO 明天会来]

例句（8a）里，使用动词"设法"，内嵌句主语为零形式，句子合法。但是，如果内嵌句中含有"会"，例如（8b），句子变得不合法。这表明语义不是引起"会"和主动词之间冲突的原因。

Li（1990）[①] 对普通话句子存在定式与非定式之分进行进一步支持。Li 认为，二者之间的差异还可以通过时间副词、体标记、否定极性词的允准等现象来说明（Li, 1990：17）。我们这里只介绍她的两个论据。其中一个论据来自"说"类动词，另一个则来自"说服"类动词与时间副词以及体标记的连用现象。

Li（1990）观察到时间副词"从前"和经历体标记"过"必须出现在同一个句子里。见（9）。

(9) a. 我从前告诉过他你来这儿。
    b. *我从前告诉他你来过这儿。
    c. 我从前请他吃过饭。

例句（9a）合法，因为"从前"与"过"出现在同一个句子里。而（9b）里，"从前"和"过"在不同句子里，句子不合法。根据 Li 的看法，（9b）不合语法，因为其违反了同句原则。有意思的是（9c）："从前"和"过"位于不同句子里，句子却合法。Li 认为（9c）其实应该这样理解："过"可以不在它所处的句子里获得解释。也就是说，这个句子并不是指某人已经接受了邀请并且来吃了饭。这个句子只是说我从前请过他吃饭。这个意义上说，"从前"和"过"尽管出现在不同句子里，但是它们的语义解释却在同一个句子里产生。（9c）的语义相当于（10）。

(10) 我从前请过他吃饭。

但是，这一"同句原则"并不适用于"告诉"类动词。

[①] Li Y-H Audrey, Order and Constituency in Mandarin Chinese. Dordrecht: Kluwer, 1990.

(11) 我告诉他他们戒过烟，他们都不再抽烟了。

在（11）里，"过"在内嵌句里表示事件已经发生。（9b）和（11）之间的语义说明，（9c）里，"过"意义的实现必须在上一层结构里实现；（11）里必须在内嵌句里实现。这种"同句原则"必须在"说服"类动词内嵌句里实现，而对"告诉"类动词而言，却可以违反。这说明这两种类型的动词之间体特征的实现存在差异（Li 1990：20）。其中主要的原因在于，"告诉"类动词所表达的句子中，体标记必须在句子内获得解释。这也就说明，"告诉"类动词是定式，而"说服"类动词则不是。

以上我们介绍了两种旨在说明普通话句子存在定式与非定式之分的分析。正如前面所提及的那样，定式句子具有时间指称特征。定式意义的解释依赖于句法意义上的时制。普通话里定式和时制都没有显性表现。但是这并不能说明普通话就没有时制。Huang（1998）和 Li（1985，1990）的分析说明我们的确可以观察到定式与非定式的差异。从这个意义上来说，普通话中一定存在句法上的时制。

Sybesma（2004，2007）；Lin Tz. H.（2001）[①] 等分别从时间意义的解读和某些时间成分的句法分布等方面对此进一步进行说明。接下来，我们介绍 Lin Tz. H.（2003）以及 Sybesma（2004，2007）。

Lin Tz. H.（2001）提出普通话中存在一个中心语为空算子的时制语投射，这个投射语的中心语通过成分-统治的方式获得赋值。Lin Tz. H. 的主要论据来自时间副词"以前"对句子语义解释的影响。Lin Tz. H. 观察到与"以前"有两个主要的特征。首先，"以前"能够但不一定带一个时间论元。而句子的语义解释会根据是否带时间论元而变化。如果"以前"后面使用了时间论元，句子表示类指或具体事件的语义解读（12a）—（12b）。如果没有时间论元，句子只能表示类指意义（13a）—（13b）。（12）—（13）来自 Lin Tz. H.（2001：9）。

(12) a. 老王三年以前抽雪茄。　　　　　（类指）

[①] Lin, Tzong-Hong, Tense in a language without morphological tense. Manuscript, University of California, Irvine. 2001.

  b. 三年以前的老王已经死了。　　　（具体事件）
（言下之意：三年以前的老王已经死了，你现在看到的不是真实的他）
  （13）a. 老王以前抽雪茄。　　　　　（类指）
     b. 老王以前喜欢狗。　　　　　（类指）

  在（12a）、（13a）和（13b）里，"以前"在句子中用作句子层面副词，位于谓词和主语之间；在（12b）当中，位于主语位置，用作名词修饰语，并带助词"的"。在（12a）和（12b）里，句子带有时间论元，句子可以理解为类指或具体事件。在（13a）和（13b）中没有时间论元，句子只能理解为类指。

  其次，Lin Tz. H. 认为只有"以前"出现在谓词范畴外时才会影响句子时间意义的解释。如果位于动词宾语位置，则不会影响句子时间意义。(14) 选自 Lin Tz. H.（2001：13）。

  （14）a. 以前的老王喜欢狗。
     b. 老王以前喜欢狗。
     c. 老王喜欢以前的狗。

  在例句（14a）—（14b）里，"以前"位于动词范畴外位置（分别是主语名词修饰语和句子层面副词），表示"喜欢"的状态只出现在过去。(14c) 里，"以前"出现在动词范畴内（修饰宾语名词），"喜欢"的状态一直保持到说话时刻。

  为了解释"以前"对句子时间意义的影响，Lin Tz. H. 提出时间名词"以前"形成一个最大投射，中心语是"以前"，而时间论元位于这个投射语的限定语位置，整个投射根据其修饰名词或副词而占据附加语或副词位置。在这个结构上如果时间论元出现，"以前"表示过去一个具体的时间；如果不出现，"以前"的意义是模糊的，只是表示过去一个不确定的时间（Lin Tz. H.，2001：15）。根据这个假设，类指/具体事件的语义解读可以这样解释：如果时间论元出现，"以前"表示一个具体的时间。因为一个具体的时间是一个句子获得具体事件解读的前提（Lin Tz. H.，

2001：15）。如果没有时间论元，"以前"只表示过去某个不确定的时间。这就是为什么句子能获得类指意义的解读。

至于"以前"对句子时间意义的影响，Lin Tz. H. 认为这主要是"以前"和一个空算子作用的结果。该空算子占据时制中心语位置。算子的值可以由语境来确定，也可以由句子中标句词 C 成分-控制的时间副词来确定。"以前"正是这样一个时间意义的成分，它可以给零形式的时制算子赋值。例如，在（13a）里，"以前"修饰主语名词，嫁接在主语名词上。在 Kayne（1994）①，May（1985）②，Chomsky（1986）基础上，Lin Tz. H. 提出，修饰主语的名词"以前"位于时制节点的最高位置，并且成分-统治空时态算子（Lin Tz. H.，2001：20）。因此，约束空时态算子，并使其获得过去时解读。在（14b）里，它用作句子层面副词，位于主语和谓词之间。这种赋值关系依然存在。但是，如果是修饰宾语名词，则位于谓词内位置，因此"以前"不能成分-统治时态算子，因此不能给空时态算子赋值（13c）（Lin Tz. H.，2003：21）。Lin Tz. H.（2001）所采用的句法形态结构表示为（15）。我们稍作修改。根据 Lin Tz. H.（2001）的看法，时制中心语是一个空算子。我们赞同其基本分析。但是关于时制中心语的分析，我们将采用 Sybesma（2004，2007）的方法（接下来会介绍），认为时制中心语是一个变量 α。因此在（15）当中，我们将 Lin Tz. H. 所说的算子替换为 Sybesma（2004，2007）所说的 α。

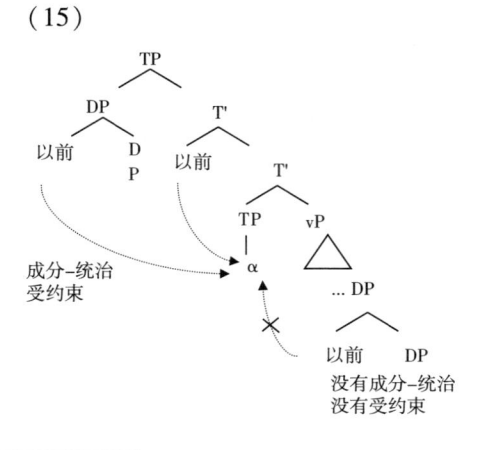

（15）

---

① Kayne Richard, *The Anisymmetry of Syntax*, Cambridge, MA：MIT Press, 1994.
② May Robert, *Logical Form*, Cambridge, Mass.：MIT Press, 1985.

Lin Tz. H. （2001）不是唯一一个坚持普通话存在句法时制的学者。Sybesma（2003，2004，2007）提出，普通话句子结构中含有一个时制节点。他认为时制中心语是一个代词性变量，与 Lin Tz. H. （2001）所提出的空算子对应。其语义解释部分取决于动词短语的性质（是否是终结点），部分取决于时间副词或者其他成分统治内的成分。Sybesma（2007）的主要证据有两个：首先是理论上的考虑。根据 Enç（1987）；Guéron 和 Hoekstra[①]（1995）以及 Klein（1994）的看法，一个句子如果没有时制中心语，句子无法获得时间意义的解释。在上述理论基础上，Sybesma 提出该理论适用于所有自然语言。这意味着普通话应该也不例外。其次，Sybesma 认为我们实际上可以观察到普通话结构中存在一个时制语节点。具体例句见（16）。（16）选自 Sybesma（2007：582）。

（16）a. 张三住在这儿。
　　　b. 张三 1989 年住这儿。

例句（16a）只能是现在时，而（16b）只能是过去时。如果（16a）的主语是一个过世了的人，句子不合适。这类似于我们一般不说 Churchill lives here "丘吉尔住这儿"。（16a）里没有任何可以用来表示时间意义的成分，因此一定是有某个隐性成分在起作用。Sybesma 指出，不管是什么成分，关键是（16a）—（16b）里的时间意义的解读只能由语言因素决定。因此从这一点来说，普通话应该有一个时制语节点，负责时间意义的编码。不过，与 T. H. Lin 的看法稍有不同，Sybesma 提出汉语时制中心语为一个空变量式代词，其取值通过语境或时间副词等成分来决定。

总之，上述我们已经介绍了两种关于普通话存在时制系统的方法。但是，也有一些语言学家并不认为普通话存在句法上的时制。我们已经提到

[①] Guéron Jacqueline and Hoekstra Teun, "The Temporal Interpretation of Predication", in A. Cardinaletti and M. Guasti, eds. , *Small Clauses* [*Syntax and Semantics* 28], New York, Academic Press, 1995, 77-107.

过，Xu（1982）①，Hu et al.（2001）等不认为普通话具有句法意义上的时制系统，他们也不赞成普通话存在定式与非定式对立的看法。接下来我们介绍 Lin J. W.（2006）②。后者被广泛引用来反对普通话存在句法时制意义的看法。Lin J. W. 的主要论据来自普通话没有形态标记这一特点上。他认为，普通话不需要借助时态节点，普通话体特征或时间副词能够用来表示句子的时间意义（Lin J. W.，2006：261）。（17）—（18）选自 Lin J. W.（2006：261）。

(17) a. 他打破一个花瓶。
　　　b. 他把我赶出教室。
　　　c. 他在上海出生/他1980年出生。
(18) a. 他很聪明。
　　　b. 我相信你。

例句（17）表示过去时，而（18）是一般现在时。这两个句子中都没有动词的屈折变化来表示时间意义。这两个句子的时间意义都是通过体标记而产生。Lin J. W. 的分析主要建立在 Bohnemeyer 和 Swift③（2006）关于体与终结点关系的假设上。后者认为，终结点性质和语法体之间存在一定的关系。一个终结点事件可以默认为完成体。根据这个假设，终结点事件例如，"吃一个苹果"默认的语法体（视点体）是完成体。基于 Bohnemeyer 和 Swift 这一关于默认语法体的看法，Lin J. W. 假设普通话隐性时态意义受制于这个体默认原则，并称其为"选择性原则"。具体见（19）。（19）选自 Lin J. W.（2006：264）。

(19) a. 隐性的一般现在时选择非完成体作为其补语。

---

① Xu Liejiong, "Towards a Lexical-thematic Theory of Control", *Linguistic Review*. 1985-1986, No. 5, 345-376.

② Lin Jo-wang (Lin J. W.), "Time in a Language without Tense: the case of Chinese", *Journal of Semantics*, 2006, 1-53.

③ Bohnemeyer & Swift, 2001. Event realization and Default Aspect. Linguistics and Philosophy 27: 263-296.

b. 隐性的过去时必须选择一个完成体作为其补语。

在（19）这个选择性原则以及 Bohnemeyer 和 Swift（2004）的基础上，Lin J. W. 认为（17）—（18）的时间意义可以根据句子的体貌信息获得解释。例如，在（17a）里，"打破一个花瓶"描写的是一个终结点事件。由于终结点事件默认的语法体是完成体。而根据（19），过去时选择完成体形式终结点事件，因此这就是为什么句子产生过去时意义。同样的分析可以延伸到（17b）—（17c），（18a）—（18b）当中，谓词"聪明"和"相信"都是非终结点动词。根据默认体原则，（18a）—（18b）应理解为现在时。考虑到人们可以根据（19）里的原则来确定句子时间意义，Lin J. W. 提出我们没有必要假设普通话存在句法意义上的时态节点，也没有必要假设普通话句子有一个隐性的时态成分。

但是，仔细地观察表明 Lin J. W. 的方法不是没有问题。我们注意到，在很多情形里，默认原则对普通话不起作用。终结点句子的完成体必须用体标记表示出来，否则句子不合法。事实上，根据我们的语感，除非添加其他的成分，否则（17a）—（17b）听起来并不自然。例如，如果我们使用"会"或体标记"了"，句子才会听起来自然。我们将（17a）改为（20），（17b）改为（21）。

（20） a. 他打破了一个花瓶。
　　　 b. 他会打破一个花瓶。
（21） a. 他把我赶出了教室。
　　　 b. 他会把我赶出教室。

例句（20）和（21）听起来比（17a）和（17b）自然很多。（20）和（21）说明，普通话中即使是终结点的完成体形式，也需要明确的标记，否则句子不合语法。在我们看来，例句（20）和（21）的情形里，很可能是"会"和"了"对句子时间意义的解读产生了重要作用。至于（17c），我们认为其时间的解读也值得疑问。在（17c）里，动词"出生"是一个含终结点性质，按照（19b）句子应理解为过去时。但是我们观察到，这个意义的产生离不开时间副词、地点副词（或其他成分）。事实上，如果我们删除句子中的时间副词，听起来句子会不合法，见（22a）。

(22) a. *他出生。
　　 b. 他 1990 年出生。

在（22a）里，没有使用任何时间副词，句子不合法。如果 Lin J. W. 所提出的终结点动词默认为完成体形式，（22a）应该合法。但事实并不是这样。（22b）句子增加了时间副词，句子可以接受。这说明默认体的说法（终结点事件默认为完成体）和选择性原则（现在时选择非完成体，过去时选择完成体）不适合普通话。这主要是因为我们观察到，终结点事件如果表示为完成体（使用体标记）可以产生过去时，否则句子听起来不自然。更多例句见（23）。

(23) a. 他看*（了）两本小说。
　　 b. 张三死了。
　　 c. 张三掉了钱包。

在（23）里，"看一本小说"，"死"以及"掉钱包"都是终结点事件。要将这些句子描写为完成体形式都必须使用显性标记。(23) 表示终结点事件必须明确表示为完成体形式时才可以产生过去时意义。

同时，提出隐性现在时必须选择一个非完成体事件作为其补语也值得重新思考。Lin J. W.（2003）认为，（18）里的句子都是现在时。根据 Lin J. W. 的看法，这些句子都是非终结点性质，可以默认为非完成体形式。(18) 重复 (24)。

(24) a. 他很聪明。
　　 b. 我相信你。

正如之前提到的那样，根据选择性原则，即隐性现在时必须选择非完成体事件充当补语。但是我们认为只依据选择性原则不足以解释句子的时间意义。首先，Lin J. W. 忽略了 Sybesma（2007）所观察到的一个现象：我们可以给句子增加时间副词"以前"，句子由此获得过去时意义。见（25）。

（25）我以前相信你。

例句（25）里的时间副词能使句子产生过去时意义。但是，如果我们删除这个语言信息，（24b）只能理解为现在时。由此可见，只有语言信息才能影响句子的时间意义的解读。这可以说明普通话句子结构上含有某个时间成分，而句子的时间意义只有通过句法结构才能获得（Sybesma 2003：47）。

总之，上述我们介绍了关于普通话句法时制的方法。其中，Huang（1998）以及 Li（1990）从定式与非定式的角度进行考察。定式意义与时制意义关系密切：一个定式句子必定是时制锚定了的句子，而定式意义的表示依存于句法时制。普通话中无论定式还是时制意义都没有明显的形态标记。但是，如果我们能说明普通话中存在定式与非定式的区别，我们可以说普通话也存在句法上的时制。Lin Tz. H.（2003）则从时间副词对句子时间意义的影响来探讨普通话时态系统，提出普通话具有结构意义上的时态特征，其中心语由一个空算子占据，对空算子存在成分－统治的时间副词可以约束这个算子，并给其赋值。与此方法相似，Sybesma（2003，2004，2007）也指出，普通话句子结构上存在一个时态意义的节点，该节点中心语是一个变量。时间副词、事件的性质等都可以给这个变量赋值。所有这些分析都认为普通话时间意义必须经过一个句法成分和一个句法上的时制结构相互作用。我们同时还介绍了 Lin J. W.（2002，2003）。与上述观点不同，Lin J. W. 反对普通话有句法时态的说法。最后，我们分析指出，Lin J. W. 所提出的体特征或选择性原则都无法解释普通话句子时间意义的解读。

基于上述介绍的这些方法，在本书中我们坚持 Sybesma（2003，2004，2007），Huang（1982[1]，1998），Li（1990）以及 Lin Tz. H.（2003，

---

[1] Huang，C.-T. James. 1982. Logical relations in Chinese and the theory of grammar. Doctoral dissertation，Massachusetts Institute of Technology.

2006）等的看法，认为即使没有任何显性标记，普通话也存在句法上的时制节点。具体说，我们假设普通话的句子结构为（26）。其中，在动词短语上层有一个 TP 所形成的投射。其中心语位置是一个代词性变量 α。时制意义的具体取值能被体标记、时间副词或标句词范畴里的某些成分所赋予。例如时间副词"以前"以及经历体标记"过"能使句子产生过去时。在（26）里，圆点表示我们可能还会看到有其他投射语，例如语法体、方式副词等，我们会在下一节进行介绍。

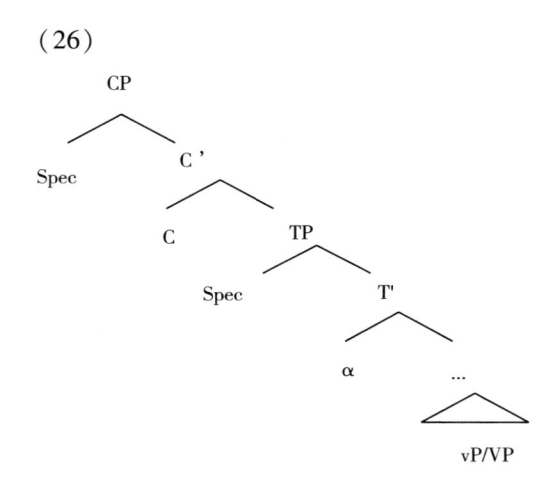

（26）

```
            CP
           /  \
         Spec  C'
              /  \
             C    TP
                 /  \
               Spec  T'
                    /  \
                   α   ...
                        |
                      vP/VP
```

二 语法体

语法体（也被称视点体、外部体）指主观表征事件的方式。一个事件可以表示为一个完整的整体，就像从外部来观察一样（Comrie 1976）；我们也可以只表征一个事件的内部阶段，前者叫作完成体，后者被称为未完成体。语言之间视点体种类各异，但是完成体和非完成体之间的对立是其中最突出的语义表现形式，在大多数语言里都存在这种对立。

实际上，单独一门语言体特征和语义远比上述语义差异复杂。一方面，一些语言中，体经常和其他类特征结合。另一方面，人们经常发现个别语言里的体具有独特的语义特征。例如，英语的进行体通常表示动作正在进行，但是其语义范畴比普通意义上的进行体意义范畴更广（Comrie

1976)。在句子 *I am leaving this afternoon* 中，进行体形式更多是表示即将发生的动作而不是动作正在进行。

与其他语法类别一样，语法体可以通过动词曲折变化表示，有些语言则利用助动词或虚词来表示，例如普通话。还有的语言则利用边缘性的手段，例如，英语 *he was reading* 中，进行体由 *be-ing* 形式表示。

结构上，语法体与时制功能语一样，形成一个功能语投射，位于句子曲折语范畴中（Zagona 1993[①]；Stowell 1993[②]）。视点体形成的功能语表示为（27）。

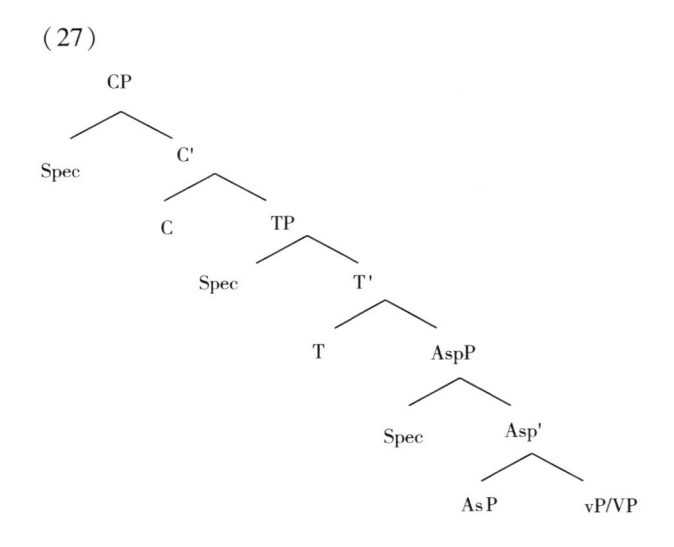

(27)

```
            CP
           /  \
        Spec   C'
              /  \
             C    TP
                 /  \
              Spec   T'
                    /  \
                   T   AspP
                       /  \
                    Spec   Asp'
                          /  \
                        Asp   vP/VP
```

在（27）里，视点体形成一个单独的功能语投射，位于 TP 和 vP/VP 之间。接下来，我们继续介绍一些关于普通话视点体（外部体）的分析。

三　普通话视点体（外部体/语法体）

普通话的语法体由虚词来进行标记。具体说，"了"是一个完成体标

[①] Zagona, K., 1993. Perfectivity and temporal arguments. In: Mazzola, M. (Ed.), Proceedings of the Twenty-Third Linguistic Symposium on Romance Languages. Georgetown University Press, pp. 523-546

[②] Stowell, T., 1993. The syntax of tense. Unpublished manuscript, UCLA, Los Angeles.

记，表示事件被截止或者已经完成。"在"是进行体标记，表示事件正在进行中；"着"是持续体标记，表示动作的持续进行或结果状态的持续。"过"为经历体标记，表示事件在过去至少发生过一次（Chao 1968：251[1]），具体例句见（28）。

(28) a. 他吃了一碗饭。
 b. 他在吃饭。
 c. 外面下着雨。
 d. 我见过这个人。

普通话研究文献中，人们关于体标记的位置看法各异。一些人认为（28）里的动词尾体标记"了""过""着"以及动词前"在"位于外部体位置，后者处于轻动词之上。不过也有人对此看法不同，例如，Sybesma（1997）[2] 认为"了"为实现体标记，其句法位置低于轻动词所形成的投射。胡建华和石定栩（2005）[3] 认为"在"高于"了"所在位置。Tsai（2008）[4] 则发现"着"和"在"不同。前者不能单独成句而后者可以。Tsai 提出普通话语法体分裂为 Asp1（外部体）和 Asp2（中间体）形式。其中只有"在"位于外部体位置，而"了"和"着"则位于中间体位置。另外，Tsai（2008）指出"着"的功能多样，有时候用作中间体标记；有时候相当于形容词性结果补语，位于词汇体位置。因此，实际上 Tsai（2008）认为，普通话体貌系统应该区分为三个层次。每一个层次的体都与不同的语义域（semantic zone）相关。外部体与表示动词主动性和致使性的上层语义有关。内部体用来表示核心事件，中间体则是核心事件被修饰或者被量化的层次。例如，表示重复意义的副词"再次"就

---

① Chao YuenRen, A Grammar of Spoken Chinese. Berkeley：University of California Press. 1968.
② Sybesma Rint, "Aspect, Inner." ed. Rint Sybesma, Wolfgang Behr, Yueguo Gu, Zev Handel, C. - T. James Huang and James Myers（eds.）, Encyclopedia of Chinese language and linguistics, Leiden：Brill, Vol I, 2017, 186-193.
③ 胡建华、石定栩：《完句条件与指称特征的允准》，《语言科学》2005 年第 5 期。
④ Tsai wei-Tien Dylan, "Tense Anchoring in Chinese", Lingua, Vol. 118, No. 5, 2008.

位于这个区域。与 Tenny（2000）①观点一致，Liao（2004）提出普通话体貌系统有三个层次：外部体、中间体以及内部体。他认为中间体用来表示事件在所指时间里处于持续当中。Tsai 在 Tenny（2000）以及 Liao（2004）基础上提出，不仅是"着"，而且完成体标记"了"也位于中间体位置，他称其为 Asp2。根据 Tsai（2008），除了 Asp1 和 Asp2 以外，句法中还有一个层次，叫作 Asp3，被称为完结体（phase aspect，我们以后称其为内部体）。Tsai 所提出的普通话体貌系统结构表示为（29）（Tsai，2008：683）。更多关于 Tsai（2008）的分析我们留待第二章。现在我们只是简单说明他的三层次体貌系统结构。

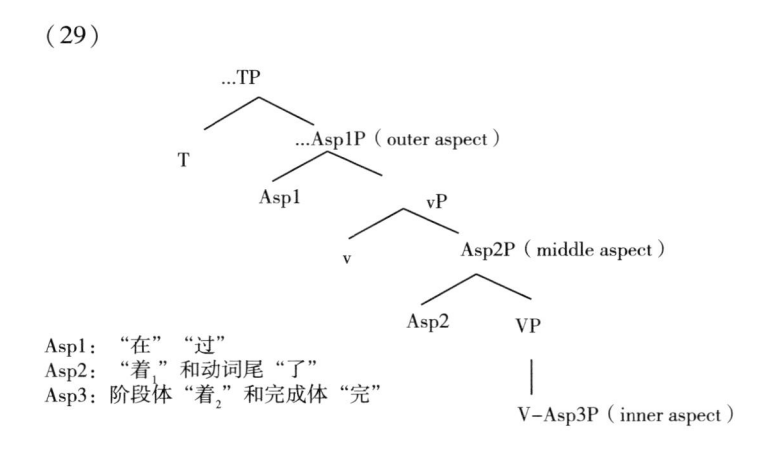

(29)

```
            ...TP
           /    \
          T    ...Asp1P (outer aspect)
               /    \
            Asp1    vP
                   /  \
                  v   Asp2P (middle aspect)
                       /    \
                    Asp2    VP
                             |
                        V-Asp3P (inner aspect)
```

Asp1："在""过"
Asp2："着$_1$"和动词尾"了"
Asp3：阶段体"着$_2$"和完成体"完"

在（29）里，"着"分裂为"着$_1$"（持续体标记）和"着$_2$"（完结体标记）。"着$_1$"位于中间体位置，而"着$_2$"位于内部体位置（完成体标记"完"也在这个位置）。我们暂时忽略"着"用作完结体的介绍，因为它与我们的分析不是很有关系。但是，在第二章当中，我们会回到这个结构并更多介绍"着$_2$"的用法。

接下来这一节里，我们继续介绍 Tsai（2008）关于分裂式外部体的方法，并指出外部体结构的方法可以解释普通话时制锚定的特点。但是我们目前只是简单介绍相关的看法，更多详细的关于时制锚定和事件论元允准

---

① Tenny Carol，"Core Events and Adverbial Modification"，Events as Grammatical Objects，ed. by Carol Tenny and James Pustejovsky，Standford，CA：CSLI Publications，2000，285-334.

之间的关系我们将在第二章进行介绍。

四 事件论元的允准与普通话时制锚定

Davidson（1967）[①] 提出，动作动词应该看作三元谓词。除显性论元以外，这些动词还带有一个隐性的事件论元。比如动词"杀"，"死"以及"游泳"等动词所表示的事件比我们通常认识的论元多一个隐性论元位置。比如，（30）包含两个名词短语表示的论元以及一个隐性的论元，后者受存现量词约束。（30）改自于 Davidson（1967：47）。

（30）a. 张三踢李四
　　　b. ［（x）踢（李四，张三，x）］.

例句（30）可以这样理解：有一个事件，即张三踢李四。这个事件所产生的变量默认为受存现量词约束（Higginbotham，1985）。

Parsons（1990）[②] 认为，时制是事件论元的约束者，一个光杆动词表示一类事件；受到约束的动词表示具体的事件，见（31）。

（31）a. Every boy left.
　　　b. $\forall x[boy(x) \rightarrow Leare(x,f(x)) \wedge T(f(x)) \text{ before now}]$
　　　（f 是一个函项，将男孩映射到事件上，T 是时制算子，将事件映射到时间轴上）

Huang（2005）[③] 在 Parsons（1990）基础上，认为事件论元必须被显性的词汇或形态成分例如时制或其他形式的约束才能够被量化。英语和普通话不同，前者有时制形态标记，因此英语的事件变量得到默认。

[①] Davidson Donald，"The Logical Form of Action Sentences", in N. Rescher（ed.）*The Logic of Decision and Action*, Pittsburgh：Pittsburgh University Press，1967，81-95.

[②] Parsons Terence, *Events in the Semantics of English*, Cambridge. Mass：MIT Press，1990.

[③] Huang Shizhe, *Universal Quantification with Skolemization：Evidence from Chinese and English*, New York：The Edwin Mellen Press，2005.

在 Huang（2005）基础上，Tsai（2008）提出约束事件论元的过程，认为，将事件论元进行时制锚定的过程可以用来解释普通话中的"不完句"（incompleteness）现象。我们先介绍关于普通话"不完句"现象。

普通话研究中，人们观察到即使论元结构完整，有些句子听起来依然不够完整。（32）改编自胡建华、石定栩（2005）[1]。句中疑问号表示句子不完整，听起来不够自然。

(32) a. ?他吃饭。
　　 b. ?他吃了饭。
　　 c. 他吃了一碗饭。
　　 d. 他吃了那碗饭。
　　 e. 他吃了饭了。
　　 f. 每个人都吃饭。

例句（32a）—（32b）里论元结构都完整；（32b）使用完成体形式，但是两个句子听起来都不够完整。例句（32c）—（32f）却不存在这样的问题，二者听起来都很自然。这个现象引起了很多学者的关注（孔令达，1994[2]；贺阳，1994[3]；竟成，1996[4]；Tang 和 Lee 2000[5]；胡建华、石定栩，2005 等）。其中，竟成（1996）认为这种"不完整"现象关键在于时制。具体说，这两个句子由于没有实现时制锚定，因此听起来不完整。但是，显然这个分析无法解释（32b）。（32b）使用了完成体标记，后者在普通话里被认为能表示过去时意义。而且，人们观察到虽然（32a）—（32b）听起来不完整，但我们有很多方式使其听起来完成，如

---

[1] 胡建华、石定栩：《完句条件与指称特征的允准》，《语言科学》2005 年第 5 期。
[2] 孔令达：《影响句子自足的语言事实》，《中国语文》1994 年第 6 期。
[3] 贺阳：《汉语完句成分初探》，《语言教学与研究》1994 年第 4 期。
[4] 竟成：《普通话的成句过程和时间概念的表达》，《语文研究》1996 年第 1 期。
[5] Tang Sze-wing and Thomas H.-T. Lee, "Focus as an Anchoring Condition", Paper presented in the International Symposium on Topic and Focus in Chinese, The Hong Kong Polytechnic University, June 21-23, 2000.

(32c)、(32d)、(32e)、(32f)。因此问题是，这些能使句子听起来完整的方式与事件有什么关系？

Tang 和 Lee（2000）① 发现（32c）和（32e）有一个共同特点：它们在逻辑层面必须要么实现时制锚定，要么实现焦点锚定。为此他们提出了广义锚定原则（33）来解释（32）中出现的现象。

(33) 广义锚定原则

每一个句子必须实现时制锚定或在逻辑层面焦点锚定。

但是 Tsai（2008）认为（33）只具有描写性质而不是真正意义上的原则。例如，我们很难利用其来解释（34）[选自 Tsai（2008：679）]。

(34) a. 阿 Q 拿书，我拿期刊。
     b. 拿书！

句子（34a）是一个对立句，而（34b）则是一个祈使句。这些事实显然无法用广义锚定原则来解释。并且，Tsai 还指出"不完句"现象不仅仅存在于（32），还出现在持续体形式的句子里。他指出，与"在"相比，持续体标记"着"不能独立成句。句子（35）—（36）选自 Tsai（2008：676）。

(35) a. %阿 Q 跑着。
     b. 阿 Q 一直跑着。
     c. 阿 Q 在跑。
(36) a. %阿 Q 哭着。
     b. 阿 Q 哭着回来。
     c. 阿 Q 在哭。

---

① Tang Sze-wing and Thomas H.-T. Lee, "Focus as an Anchoring Condition", Paper presented in the International Symposium on Topic and Focus in Chinese, The Hong Kong Polytechnic University, June 21-23, 2000.

句子（35）—（36）里的百分号表示句子听起来不自然。（35a）听起来不自然。例句（35b）里有副词"一直"修饰，句子听起来很好。同样的解释可以延伸到（36）。（36a）持续体不能独立成句，（36b）带上一个从句，持续体可以使用。而（36c）表示进行体标记不会引起类似的问题。

Tsai（2008）提出上述事实与时制锚定有关。在 Huang（2005）基础上，Tsai 提出时制锚定是一个利用句法形态手段拼读事件论元的过程。该过程使得事件论元受时制算子约束。Tsai 提出有两种类型的时制锚定。一种是语义上的时制锚定，另一种是句法上的。语义上的时制锚定是指将事件锚定在话语时间或主题时间上（Klein，1994[①]；Klein et al.，2000[②]；Lin J. W，2002[③]，2003[④] 等）。句法上的时制锚定是指用来拼读事件论元所产生的变量的过程。Tsai（2008）认为，普通话具有句法意义上的时制，不过呈现弱性特征，因而没有显性标记。他提出，"一个语义上的时制在句法形态上的锚定就是使事件论元所产生的变量被拼读出来。这一过程可以是多方式的：在英语中，事件变量由于其时制具有形态标记而得到默认。相比之下，普通话由于没有形态句法上的时制标记，事件变量受约束过程呈现多样性。人们可以利用事件量词、事件并列等表征方式来拼读事件变量（Tsai，2008：681）"。除此之外，我们还可以利用普通话时制锚定过程来允准事件变量。具体说，外部体或者说语法体标记上移，进入 T 中心语位置，并与其合并以产生一个词语形式的时制算子，这一过程可以用树形图（37）来说明。

[①] Klein Wolfgang, *Time in Language*, London: Routledge, 1994.

[②] Klein Wolfgang, Li Ping, and Henriëtte Hendricks, "Aspect and Assertion in Mandarin Chinese", *Natural Language and Linguistic Theory* 2000, 723-770.

[③] Lin Jo-wang, "Selectional Restrictions of Tenses and Temporal Reference of Chinese Bare sentences", *Lingua*, 2002, 271-302.

[④] Lin Jo-wang, "Temporal reference in Mandarin Chinese", *Journal of East Asian Linguistics*, 2003, 259-311.

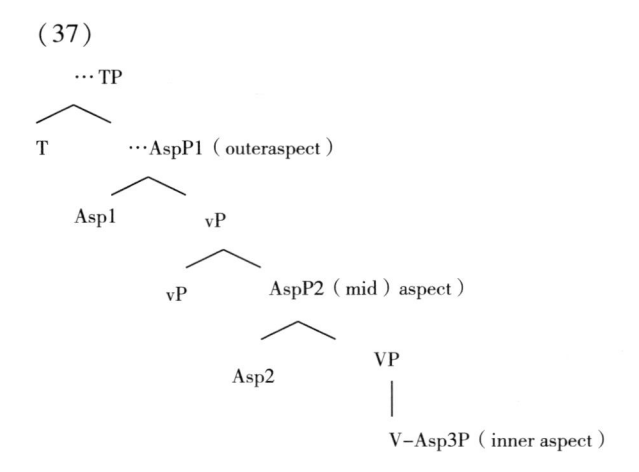

(37)
```
          ···TP
         /    \
        T    ···AspP1（outeraspect）
              /    \
           Asp1    vP
                  /  \
                vP   AspP2（mid）aspect）
                      /    \
                   Asp2    VP
                            |
                       V-Asp3P（inner aspect）
```

树形图（37）表示，普通话语法体标记词中，只有体标记"在"和"过"位于外部体位置，而持续体标记"着"，完成体标记"了"则位于中间体位置。另外，像（38）里的"着"在（Tsai 2008）里被称为完结体（phase marker）标记（也有人称之为动相补语）；而表示事件结束的词"完"被称为完成体标记（completion marker）。"着"以及完结体标记"完"位于 Asp3P 中的 Asp3 位置。

(38) a. 坐着
     b. 等着
     c. 盖着
     d. 抱着
     e. 摆着
     f. 听着

Tsai（2008）认为，只有外部体才能上移进入 T 位置，并与其合并成词汇形式的时制算子，而无论中间体或内部体都不能发生类似句法过程。由于用作持续体标记时，"着"属于中间体位置，因此无法上移，从而导致句子的时制无法得到锚定，事件论元也因此无法受到约束。这可以解释为什么使用持续体标记时，句子总是需要额外的允准。Tsai 也因此不仅将时制锚定过程和事件论元联系起来，而且为普通话里由"着"引起的

"不完句"现象提供了很好的解释。

本书中,我们认同 Tsai 关于时制锚定过程的论述,认为时制锚定是一个使事件变量句法上受允准的过程。

我们前面已经提到任何句子都要实现时制锚定。锚定的方式可以是句法性质的,也可以是语义性质的。这一节里我们继续介绍 Tsai(2008)关于时制锚定的相关论述,后者在 Huang(2005)[①] 的基础上提出时制锚定其实是为了允准 Davidson(1967)[②] 意义上的事件论元,使其在句法上可见。Huang(2005)在 Parsons(1990)基础上提出,事件论元必须受到显性或句法形态成分的约束,例如时制形态或其他形式的约束语。有些语言中有时制形态,所有论元是默认的,而其他语言,例如普通话由于没有形态上的时制,因此采用其他形式(Tsai,2008:679)。

在第一小节里,我们已经介绍了关于普通话时制锚定的一些讨论,并且认为普通话具有时制特征。不过普通话与其他时制性语言不同。其时制中心语是一个空算子(或者说代词性变量 Sybesma,2004[③])。这意味着普通话的事件论元不可能像其他语言例如英语那样是默认的,而必须采用其他非默认的形式。

Tsai 提出,我们有两种形式可以实现时制锚定。一种形式是通过句法推导的方式,即句法移位。具体说,将体标记移位到时制语节点,获得词汇形式的中心语可以允准事件论元。Tsai 认为汉语时制语特征弱,无法用来允准事件论元,因此需要往上移位到外部体位置,以加强自己的特征并因此允准事件论元。Tsai 没有明确定义"弱时制"的意义。我们在这里采用 Sybesma(2004)所提出的说法,认为,普通话时制语节点上是一个变量 α。句法上移后的体标记进入到含有一个变量的时制中心语位置,并与其合并。其特征因此得到加强,并足以允准事件论元。不过,并不是所有的体标记都能上移。普通话体标记中,只有"在"和"过"能进行这

[①] Huang Shizhe, *Universal Quantification with Skolemization: Evidence from Chinese and English*, New York: The Edwin Mellen Press, 2005.

[②] Davidson Donald, "The Logical Form of Action Sentences", in N. Rescher (ed.) *The Logic of Decision and Action*, Pittsburgh: Pittsburgh University Press, 1967, 81-95.

[③] Sybesma Rint, "Exploring Cantonese Tense", In Linguistics in The Netherlands, edited by Leonie Cornipw qne Jenny Doetjes, Amsterdam: John Benjamins, 2004, 169-180.

一句法过程；而"了"和"着"则不能。后一种情况下，事件论元所引起的变量只能通过语义表征得以实现。因此对于那些没有体标记的句子，事件论元可以通过量化语、修饰语、时间副词、从句、并列结构等方式在句法上可见。Tsai 将这两种允准事件论元的形式称为普遍意义上的事件锚定。

总之，这一节里我们已经简单介绍了语法体（视点体/外部体）以及这些语法标记在普通话中的表达方式。我们指出，普通话语法体主要由体标记表示，而人们关于这些标记的看法并不一致。我们还介绍了 Tsai（2008）关于普通话外部体和中间体分裂的方法。我们在第二章会回到 Tsai 所提出的中间体相关论述。我们将对 Tsai 所提出的体貌层次结构做一些修改，但是目前我们只是介绍他的三层次结构。

五　词汇体

词汇体，也叫作情状体/内部体，主要关注动词的内部时间结构。最早研究动词的特征可以追溯到 19 世纪亚里士多德。后来 Kenny（1963）[①] 以及 Vendler（1957，1967）[②] 等继续发扬。Vendler 根据动态性、持续性以及终结点性质，将动词分为四种类型，举例为（39）。

(39) (i) 状态动词(知道、喜欢、属于等)[非动态,非终结点,持续性]
(ii) 活动体动词(跑、唱、游泳、走等)[动态,非终结点,持续性]
(iii) 达成体动词(死、赢、发现、到达等)[动态,终结点,非持续性]
(iv) 实现体动词(建立、烘烤、吃等)[动态,终结点,持续性]

值得说明的是，语言学者们对于动词的分类，看法并不一致。例如，Smith（1997）[③] 提出，除了上述四种动词的分类以外，还有另一种类型：瞬间动词（例如，"咳嗽""敲门"等）。我们忽略这些相关讨论，而采用目前比较普遍接受的四种类型的分类方法。这四种动词的分类主要基于

---

① Kenny, Anthony. 1963. Action, Emotion and Will. London: Routledge and Kegan Paul
② Vendler, Zeno. 1967. Verbs and Times. In Linguistics in Philosophy, ed. Zeno Vendler, 97-121. Ithaca: Cornell University Press.
③ Smith, Carlota. 1997. The Parameter of Aspect. Dordrecht: Kluwer.

语义上的差异。Sybesma（2017）提出，达成体动词和实现体动词还具有结构意义上的差异。本书第三章会详细介绍。

第二节 终结点语义和句法特征

终结点特征主要涉及谓词所表示的事件是否包含一个自然的、内在的终结点。含有一个内在终结点的谓词为终结点动词；不含有内在终结点的动词为非终结点动词。到目前为止，大家比较认同的检验终结点事件的方法是使用时间段短语（for-短语）和时间点短语（in-短语）。能与时间段短语兼容的事件为非终结点，能与时间点短语兼容的事件为终结点事件。例如（40a）表示的是一个终结点事件，能与时间点短语兼容。而（40b）表示的是一个非终结点事件，事件没有一个自然终结点，我们不知道动作什么时候结束，它只能与时间段短语兼容，不能与时间点短语兼容。

(40) a. John ate an apple *for a few minutes/in a few minutes.
b. John ate apples for a few minutes/ *in a few minutes.

例句（40a）包含一个终结点动词，苹果被吃完的那一刻，同时也是事件结束的时刻。（40b）为非终结点动词。从这个句子里，我们无法知道动作什么时候结束。

不过，这种根据动词体性质来区分动词类型的方法很快受到人们的质疑。因为，人们发现决定一个动词的终结点性质并不只取决于动词本身。动词的论元以及其他表示结果或目的的成分同样影响事件的终结点性质。例如（41）里，同一个动词接一个数量宾语时产生终结点事件，而如果接一个复数名词做宾语，则会产生一个非终结点事件。

(41) a. John built a house *for months/in a month.
b. John built houses for months/ *in a month.

(42) a. He pushed the cart in the park for hours.
b. He pushed the cart to the park in five minutes.

例句（41）—（42）说明动词意义对于终结点性质而言不是决定性因素。直接宾语和介词也能影响事件的终结点性质。事实上，Krifka（1998）[1] 认为，所有的动词在词库中都是非终结点性质的。也就是说，它们并没有明确事件的终结点，而只是表示一个路径。一个事件是否具有终结点或非终结点性质取决于事件被描述的方式。一个活动体事件可以描写为一个实现体事件。

在 Krifka（1992，1998）；Borer（2005b）[2]；Travis（2010）[3] 等论述基础上，本书认为终结点特征是一个句子层面的概念。终结点事件是指含有一个终结点的事件。如果提供某个量度成分的话，一个谓词的语义可以与之组合成为终结点性质。而量度成分可以是具有量化特征的内论元，表示路径终结点的距离短语（或者称为路径论元），或其他能用来说明事件的内部时间结构的成分。达成体动词内含一个终结点。

终结点性质不仅仅是谓词的一个特性，在句法结构上同样发挥重要作用（Tenny，1994[4]；Borer，2005a[5]；Travis，1991，2000，2010；Ritter 和 Rosen，1998，2005[6]）。例如，Travis（1991，2010）注意到终结点与名词短语的格标记密切相关，并提出在两个动词短语之间存在一个功能语，后者负责编码终结点意义。而 Ramchand（2014）[7]，Borer（2005a）则认为这个体投射位于 TP 和 VP 之间。在 Tenny（1987，1994）；Borer

---

[1] Krifka, Manfred. 1998. The origins of telicity. In Events and grammar, ed. Susan Rothstein, 197-235. Dordrecht: Kluwer.

[2] Borer Hagit, *Structuring Sense*, *Volume* 2: *The normal course of events*, Oxford: Oxford University Press, 2005b.

[3] Travis Lisa, *Inner Aspect*: *the Articulation of VP*, Springer, 2010.

[4] Tenny Carol, *Aspectual Roles and the Syntax-semantics Interface*, Dordrecht: Kluwer Academic Publishers, 1994.

[5] Borer Hagit, *Structuring Sense*, *Volume* 1: *In name only*, Oxford: Oxford University Press, 2005a.

[6] Ritter Elizabeth and Sara Thomas Rosen, "Aspect and the Internal Structure of the Clause in Aspectual Inquiries", ed. by P. Kempchinsky and R. Slabakova. The Netherlands, Springer, 2005, 21-40.

[7] Ramchand, Gillian. 2014. Argument structure and argument structure alternations. In *The Cambridge handbook of generative syntax*. Edited by Marcel den Dikken, 265-321. Cambridge, UK: Cambridge University Press.

(1994,2005); Travis (1991,2000,2010), Ritter 和 Rosen (1998, 2005) 基础上,特别是 Travis (2010) 基础上,我们认为 Travis 所提出的体功能语在 vP 和 VP 之间。这样一来,结合上面我们关于语法体的介绍,我们认为我们的语言中至少有两个层面的体结构:一个是语法体,用来表示事件如何被表示;另一个是内部体,用来表示终结点意义。值得说明的是,我们暂时没有将 Tsai (2008) 的中间体引进来,主要原因在于我们在目前的讨论中还不需要这一概念。广义意义上的二分体貌系统表示为(43)。

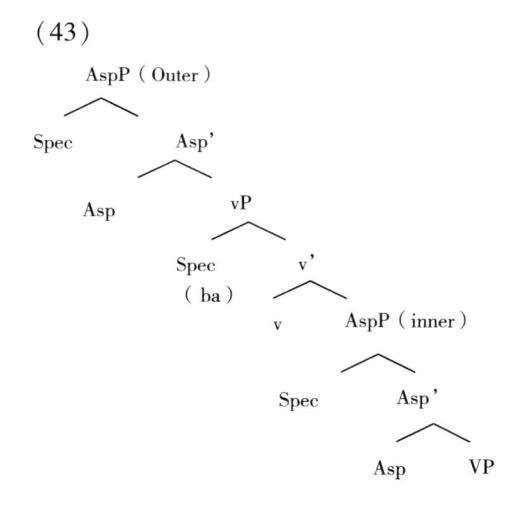

(43)

```
        AspP (Outer)
       /      \
     Spec     Asp'
             /    \
           Asp     vP
                  /  \
                Spec  v'
                (ba) / \
                    v   AspP (inner)
                        /    \
                      Spec   Asp'
                             /  \
                           Asp   VP
```

树状图(43)说明,内部体表示终结点意义位于两层动词短语之间。接下来,我们先介绍普通话终结点的特征,然后,我们介绍文献中提出普通话存在内部体投射来表示终结点意义的分析。

一 普通话终结点语义

普通话是否具有终结点语义在汉学界曾引起热烈的讨论。Tai (1984)[①] 认为普通话为非终结点语言,普通话没有简单形式的实现体动词。终结点语义在普通话中只是蕴含式的。终结点意义通过语素或结果补

[①] Tai James. "Verbs and Times in Chinese: Vendler's Four Categories" in D. Testen et al. (eds.), *Lexical Semantics*, Chicago: Chicago Linguistic Society, 1984, 288-296.

语动词来表示。例如（44）里，一个实现体动词所表示的事件可以后接一个否定成分。

(44) a. 他写了一封信，可是没有写完。
b. *他写了完一封信，可是没有写完。
c. He wrote a letter, #but he did not finish it.

例句（44a）表示的是一个实现体事件，"了"为完成体标记，其后面可以接一个否定句，否定一个已经完成的动作，（44b）里使用了表示动作完成的"完"，句子不可以接否定成分。相比而言，英语却不允许这样的用法。Tai（1984）因此指出，普通话与英语不同，普通话没有内在意义上的实现体动词，普通话的实现体动词由目标短语或结果补语表示，见（44c）。

但是，Soh 和 Kuo（2005）[①] 指出（44）并不能说明普通话没有实现体动词。他们认为（44a）中出现的不合法现象源自于创造性（Creative）事件里宾语名词的特征。他们认为有两种类型的创造性（created）宾语。在一种类型中宾语不能被认为是相关联的宾语，除非创造性事件达到了其终结点，这种宾语叫作非部分宾语（Non-Partial Object），例如，"盖一间房子"中的"一间房子"，"做一个蛋糕"中的"一个蛋糕"。在这些事件当中，除非事件已经达到了其终结点，否则相关联宾语就不存在。比如，一个圆圈不能算是一个圆圈，除非事件从起笔开始一直到完成最后一笔，才能算是一个完整的事件。另一种类型中，新生宾语在终结点实现之前就可以被称为相关联宾语。他们称之为允许部分宾语（Allowed Partial Object）。比如，"写一封信"中的"一封信"属于这种类型。这些事件中，一个非完整宾语在动作还未实现终结点之前可以看作相关联宾语。例如，如果画画这个事件在中途被停止，其所形成的宾语仍然可以成为一幅画。Soh 和 Kuo 指出，一个创造出来的物体能否被称为动词相关联宾语取决于我们什么时候认定其为相关联宾语。一个未完成

[①] Soh Hooi Ling and Kuo Jenny Yi-chun, "Perfective Aspect and Accomplishment Situations in Mandarin Chinese", *Perspectives on Aspect*, ed. by Angeliek van Hout, Henriette de Swart and Henk Verkuyl. Dordrecht: Springer, 2005, 199-216.

的非部分宾语（例如"一栋房子"）不能被称为相关联宾语。而一个允许部分宾语则不一定要求事件非要完成不可。因为一个受允许部分宾语完全能被称为一个相关联宾语，尽管事件可能还没有完成。并且，由于存在允许部分宾语，有些事件完全有可能在没达到终结点时就被截止。（44a）宾语"一封信"属于允许部分宾语，这就是为什么它能接否定式，否定一个表示为完成的动作。

根据上述关于 NPO 和 APO 宾语的差异，Kuo 和 Soh 提出，（44a）里，动作能和否定式连用归因于宾语"一封信"的特征。根据他们的分析，它应该属于 APO。由于即使动作没有完成，APO 仍然算作是关联宾语，因此，即使句子表示为完成体形式，事件也可能没有完成。这就是为什么否定式能与之兼容。

另外，Soh 和 Kuo 还提出，NPO 和 APO 之间的关系还与普通话动词的终结点特征有关。普通话名词短语结构也能影响事件的终结点性质。比较（45a）和（45b）。其中，我们看到语义对立出现在否定式与数量宾语之间，而没有出现在否定式和有定宾语之间。

(45) a. 他吃了那个蛋糕，可是没吃完。
　　 b. *他吃了两个蛋糕，可是没吃完。

在（45a）里，宾语是一个有定名词短语，句子能接一个否定完成体的句子，而（45b）里的宾语带了一个数量词，句子不能接否定句来否定已经完成的动作。Soh 和 Kuo 认为这与普通话名词短语的结构特征相关。在 Jackendoff（1991）[①] 基础上，Soh 和 Kuo 认为，名词论元带有有（无）界（±bounded）and 有（无）内部结构（±internal structure）特征。有界特征表示事件有无一定的界限（终结点）。有（无）内部结构特征表示事件能否具有内在的离散成员。例如，英语名词的特征表示为（46）（Jackendoff，1991：20）。

(46) English

[①] Jackendoff Ray, "Parts and Boundaries", *Cognition*, 1991, 9-45.

Bare mass nouns (*custard*, *water*)	[−b, −i]	substances
Bare plurals (*sandwiches*, *buses*)	[−b, +i]	aggregates
Singular count nouns (*the sandwich*, *a bus*)	[+b, −i]	individuals
Numeral plurals (3 *sandwiches*, 4 *buses*)	[+b, +i]	aggregates

不过，与 Jackendoff 不同，Soh 和 Kuo 认为，这些特征在名词中心语中以自下而上的方式由名词投射表示出来。(47) 表明英语的名词短语的特征模式，选自 Soh 和 Kuo (2005: 206, 207)。[b(ounded)] 表示有界，[i(nternal)] 表示内部结构特征。

(47) 数词　　　　　　　　　　　　[−b]（[+b]）
　　　限定词或指示词　　　　　　　[−b]（[±b]）
　　　量词　　　　　　　　　　　　[−i]（[±i]）

在 (47) 里，一个数词将名词的特征由无界变为有界。一个限定词或指示词将名词从无界变成有界或无界。量词具有 [+i] 特征，可以将没有内部结构的名词短语变化为有内部结构的短语或没有内部结构的短语 [±i]。根据 (47) 的特征组合形式，英语名词的特征组合及其变化形式表示为 (48) [Soh 和 Kuo (2005: 206, 207)]。

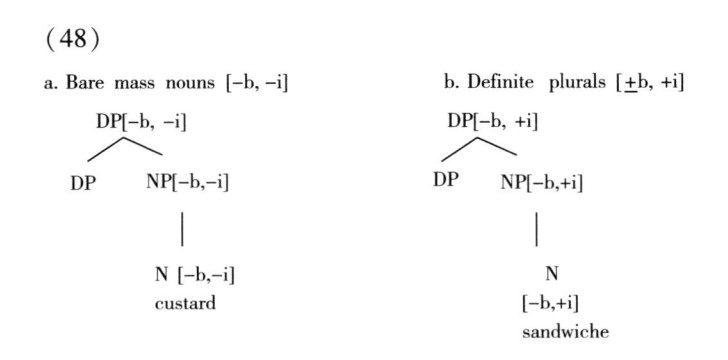

(48)

a. Bare mass nouns [−b, −i]

```
      DP[−b, −i]
      /      \
    DP      NP[−b,−i]
               |
            N [−b,−i]
            custard
```

b. Definite plurals [±b, +i]

```
      DP[−b, +i]
      /      \
    DP      NP[−b,+i]
               |
              N
           [−b,+i]
          sandwiche
```

但是，普通话与英语名词中心语不同，后者具有可数/不可数的区别，在 Chierchia（1998）以及 Cheng 和 Sybesma（1999）基础上，Soh 和 Kuo 认为，普通话名词都是不可数。中心语特征表现为［-b，-i］。根据（48），普通话名词的特征变化情况表示为（49），选自（Soh 和 Kuo，2005：212）。

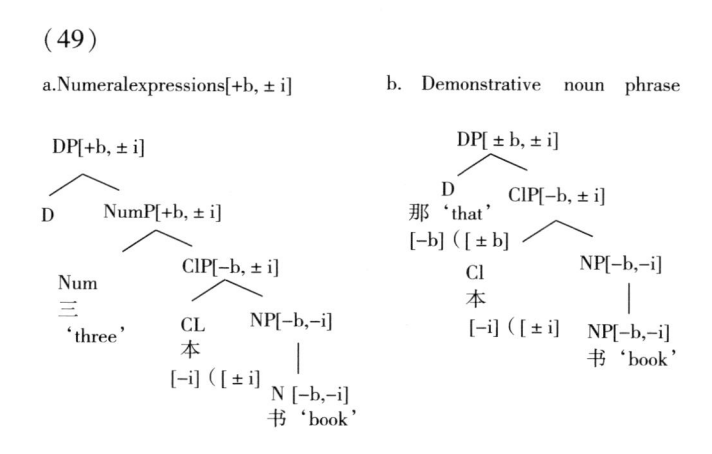

(49)

a. Numeral expressions [+b, ± i]

```
       DP[+b, ± i]
        /    \
       D    NumP[+b, ± i]
            /    \
          Num    ClP[-b, ± i]
           三     /    \
         'three' CL    NP[-b,-i]
                本      |
                [-i]（[± i]）
                       N [-b,-i]
                       书 'book'
```

b. Demonstrative noun phrase

```
        DP[± b, ± i]
        /    \
       D    ClP[-b, ± i]
       那    /    \
      'that' Cl    NP[-b,-i]
       [-b]（[± b]）
             本      |
            [-i]（[± i]）书 'book'
```

树状图（49）说明，普通话带数量成分的宾语和带指示语宾语的差异在于前者具有［有界特征］，而后者带有［有（无）界特征］。另外，一个指示词修饰的普通话名词短语在 N-层面的特征为［-b，-i］，名词为不可数名词，特征为［-b，-i］。这个特征渗透到 NP-层。然后，量词将其［-i］特征改变为［±i］特征。结果，量词短语的特征为［-b，±i］。以同样的方式，指示词语将［-b］特征改变成［±b］，并且所形成的结果特征渗透到 DP-层。因此，根据数量语或指示语修饰所产生的差异，不同的名词短语具有不同的有界特征。这就是为什么（49）里，当宾语为带数量语的名词短语时，动作一定已经完成。而带指示语的名词短语作宾语时，表示为完成体里的事件里，不一定表示动作已经完成。

本书中，我们赞同 Soh 和 Kuo（2005）关于普通话名词短语特征的结构以及特征渗透的看法，认为，只有当实现体动词与数量宾语的名词连用才会产生终结点事件。接下来，我们继续介绍另外两种分析，后者提出普通话里事件的终极点是一个句法特征。也就是说，普通话句法上存在一个内部体节点，其作用是用来表示终结点意义。

二 普通话终结点意义的句法

与其他语言相似，终结点意义是语义组合的结果，普通话终结点意义同样具有组合性。人们提出句法上一定具有某个功能语即内部体来表示终结点意义。我们介绍其中的两个分析。

Su（2012）[①] 认为普通话具有内部体投射语，位于 vP 和 VP 之间，负责终结点意义的编码。Su（2012）的主要证据有两个：（i）时间副词的分布差异所带来的语义差异：持续意义副词（时间段副词）与时间点副词；（ii）副词与宾语之间的关系。

Su（2012）注意到普通话持续意义副词（时间段副词）与时间点副词不同：时间持续义副词只能在动词后面，能与非终结点动词兼容。而时间点副词能在动词前或后面，并且不能出现在表示事件完成的句子里。（50）选自 Su（2012：27）。

（50）a. 他洗了三天澡。
　　　b. *他三天内洗了澡。
　　　c. 他三天内洗完了澡。
　　　d. *他洗完了三天澡。

活动体动词"洗澡"能与持续意义的词连用（50a），但是不能与表示时间点的副词"三天内"连用（50b）。时间点副词只有在当句子中增加了"完"之后，才能使用（50c）。在（50d）里，持续意义副词"三天"与表示事件完成的副词"完"不兼容。（50c）和（50d）之间的差异说明，持续意义的副词不能出现在终结点事件里。这种现象可以在（51）—（52）里进一步得到支持。其中表持续意义副词不能与带数量语宾语的实现体连用。两种情况下，时间点副词"三天内"可以被接受（51b）—（52b）。

---

① Su Julia Y.-Y., The Syntax of Functional Projections in the vP Periphery, PhD thesis, University of Toronto, 2012.

(51) a. *他们见了三天面。
　　　b. 他们三天内见了面。
(52) a. *他们写了三分钟三个字。
　　　b. 他们三分钟内写了三个字。

例句（51a）是一个达成体事件。持续意义副词与之不兼容，而时间点副词则可以。实现体动词也有类似的表现（52）。持续意义副词不能出现（52a），而时间点副词可以（52b）。上述这些差异说明，在普通话当中，时间点副词与外部体以及词汇体相互作用，而持续意义副词只对词汇体敏感（Su，2012：29）。由于时间点副词位于动词前，持续意义副词位于动词后，因此，二者之间的差异可以用来支持普通话两层体貌（内部体和外部体）结构的说法。

Su（2012）还观察到，动词后持续意义副词（包括频率副词）能与宾语名词并用。不过普通话频率副词和持续性副词跟宾语连用时句法分布不同。其中，如果宾语为定指的话，频率副词和持续性副词在宾语后边（53）。否则只能在宾语前面（54）—（55）。（53）—（55）选自 Su（2012）。

(53) a. 他看了那部电影两次。
　　　b. *他看了两次那部电影。
(54) a. 他念了两年书。
　　　b. *他两年念了书。
(55) a. 他看了两次电影。
　　　b. *他看了电影两次。

为了解释上述语序的差异，Su 提出，（53）—（55）中的光杆名词表属性，而不是类指意义。它们影响活动体动词意义。而如果其宾语不是光杆名词，动词"看"的意义则是模糊的。它表示一个用眼的动作。但是如果它和一个光杆名词或表示结果的补语连用，句子就产生具体意义的解读。例如，"看书""看见"等。关键是，与目标短语、结果短语或数量名短语一样，这些都能影响终结点意义的组合性。这也就是说，一些光杆名词也能对终结点意义发挥作用，例如，"结婚""见面"等。

Su 还认为频率副词/持续性副词能和光杆名词合用，形成一个成分。主要的证据是，[频率副词/持续性副词+N] 能作为一个整体移位到话题位置。(56) 选自 Su (2012：35)。

(56) a. [那两次][饭]，他都没去。
b. [那两天的][电影]，他都没看。

但是，上述副词所发生的移位相对于数量名宾语和有定宾语来说，则不可能发生。数量名宾语和有定名词宾语不能与副词一起移位 (Su, 2012：36)。

(57) a. *[那两次][那台车]，他都修了。
b. *[那两次][两台车]，他都修了。

在 (57a) 里，句子使用了有定宾语"那台车"，而在 (57b) 里使用的是"两台车"，二者都不能与频率副词一同移位到主题位置。与持续性副词的关系也如此，见 (58)，选自与 Su (2012：36)。

(58) a. *他两天那本书都看了。
b. *他两天两本书都看了。

例句 (58) 中，持续性副词"两天"不能与宾语一起移动，(58a)"那本书"，以及 (58b) 里"两本书"也一样。

为了解释这种不同宾语与动词后副词的位置关系，Su 提出，普通话句法结构中存在一个功能语类，即，内部体。内部体的结构表示为 (59)，引自 Su (2012：23)。

(59) $[_{OAspP}$ (in-PP) $[_{OAspP}$ OAsp^o] $[_{vP}$ v $[_{IAspP}$ (for-PP) $[_{IAspP}$ obj $[_{IAsp'}$ IAsp^o VP$]$ $]$ $]$

在（59）中，持续性（或者频率副词）位于内部体位置，同时时间点副词位于外部体位置。时间点副词和终结点意义通过 Su（2011）所提出的句法结构互相作用［详细分析请见 Su（2012）］。同样，名词补语也能在一定句法关系下给终结点特征赋值（Su，2012：23）。具体说，有定名词由宾语位置移位到内部体限定语位置，并给其赋值。

上述介绍了 Su（2012）关于普通话存在内部体功能语投射的分析，后者认为频率副词和持续性副词与宾语的位置关系可以为此提供证明。我们赞同 Su（2011，2012）的分析，认为终结点意义通过内部体表示出来。内部体负责参与终结点意义组合运算的成分的句法分布。接下来，我们继续介绍 Sybesma（1999，2017）关于普通话存在内部体的方法。

Hoekstra（1988，1992）① 提出用小句方式来解释结果补语。例如 *He paved the road flat* 可以分析为 ［pave ［$_{sc}$the road flat］］。在 Hoekstra 基础上，Sybesma（1999）提出用小句分析的方法来处理普通话动词短语结构，其中包括结果补语和"把"字句。在小句方法分析中，动作结果补语可以理解为一个简单的主-谓形式的小句，用来表示活动体的终结点。小句分析的主要思想是带有结果补语的动词有一个开放式的终点，动作过程由小句形式的结果补语封闭。Sybesma 小句分析的方法表示为（60）（选自 Sybesma，1999）。

(60) a. ［… ［$_{VP}$V ［$_{SC}$NP R］］］
　　 b. ［… ［$_{vP}$ ［$_v$ ［$_{VP}$V ［$_{SC}$ NP R］］］］］（R =结果补语）

根据这个方法，(60) 可以分析为 (61)：

(61) 张三哭累了.
(62) 张三$_i$ ［$_{VP}$哭 ［t$_i$累］］

---

① Hoekstra Teun, "Small Clause Results", *Lingua*. 1988, pp. 101 - 139. Hoekstra Teun, "ECP, Tense and Islands". Ms. Universiteit Leiden, in *Arguments and Structure: Studies on the Architecture of the Sentence* by T. Hoekstra (ed.), Berlin, Mouton, 1992.

根据这个分析，及物动词的结果补语比一般动词短语多一个含有轻动词的短语层次。该轻动词负责分派外论元。根据 Sybesma，及物动词结果补语的结构为（63）。

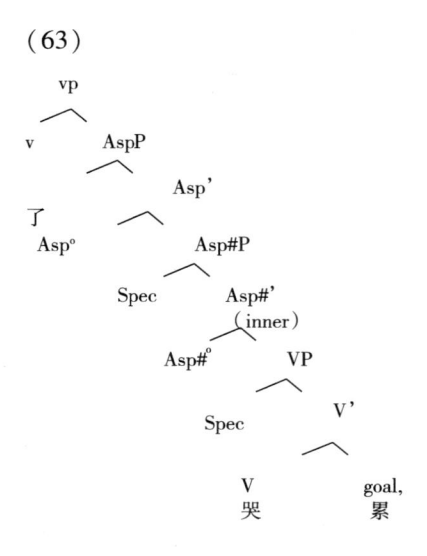

(63)
```
            vp
           /  \
          v   AspP
          了   /  \
            Asp°  Asp'
                  /  \
                 Asp#P
                 /  \
              Spec  Asp#'
                   (inner)
                   /  \
                Asp#°  VP
                      /  \
                   Spec   V'
                         /  \
                        V   goal,
                        哭   累
```

但是，玄玥（2008）① 提出，这个方法无法为上面所提到的所谓动相补语"完"，"掉"等提供解释。动相补语，也就是前面 Tsai (2008) 所说的完结体（phase aspect），后者表示事件已经完成。该成分有时候与宾语没有直接的关系。我们比较（64a）和（64b）。

(64) a. 我洗完了衣服。
　　 b. 我吃完了苹果。

根据小句分析法，(64a) 应该分析为 [$_{VP}$洗 [$_{sc}$衣服 完]]：有一个洗衣服的事件，事件结束后的结果是衣服完了。这显然不是事实。因为句子中的"完"给整个谓词提供一个终结点，相当于说，事件结束了。这与（64b）不同，后者可以表示为 [$_{VP}$吃 [$_{sc}$苹果完]]，即事件的结果

① 玄玥：《"完结短语"及普通话结果补语的句法问题》，博士学位论文，北京大学，2008年。

是苹果没有了。玄玥（2008）提出（64a）里"完"并不是对宾语述谓，而是整个事件。（65）选自玄玥（2008）。

（65）我早就把客厅擦完了。

为了解释这个现象，在 Travis（2010）[①] 基础上，Sybesma（2017）[②] 将小句结构进行修改。（63）修改为（66）。

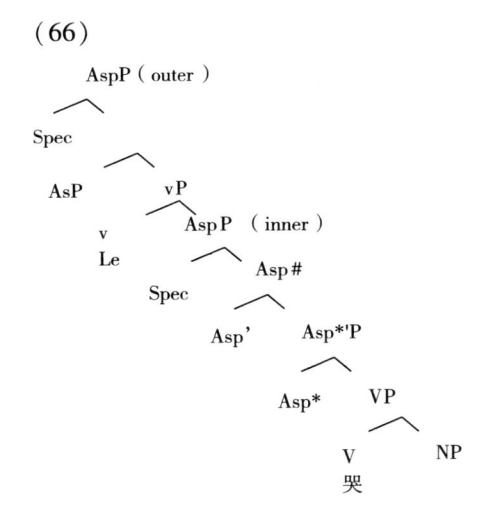

（66）

```
           AspP（outer）
          /\
       Spec \
        AsP  vP
            /\
           v  AspP（inner）
           Le  /\
            Spec Asp#
                /\
             Asp' Asp*'P
                   /\
                Asp*  VP
                      /\
                     V  NP
                     哭
```

根据这个修改后的结构（66），小句谓词被解释为一个体性质的功能语。Sybesma 将其标记为"Asp#"，以区别于现有的结构，比如体标记"了"。"Asp#"表示词汇意义上的终结点。例如，（61a）里"累"以及（64b）里的"完"位于这个位置。值得注意的是，在外部体和词汇体之间还有一个体功能语。它用来表示一个抽象的终结点意义。用 Sybesma 的话来说，我们的语言里，有一个往上的语法路径语：（后者）从作为结果补语来表示终点开始，可以一直往上发展，直到来到一个抽象的终结点位

[①] Travis Lisa, *Inner Aspect: the Articulation of VP*, Springer, 2010.
[②] Sybesma Rint, "Aspect, Inner." ed. Rint Sybesma, Wolfgang Behr, Yueguo Gu, Zev Handel, C.-T. James Huang and James Myers（eds.）, *Encyclopedia of Chinese language and linguistics*, Leiden: Brill, Vol I, 2017, 186–193.

置。然后，再往上，直到来到"了"的位置，在此标记事件的终结点[句子的视点体（Sybesma，2017）]。根据这个方法，例句（64）里的两个"完"因此而区分开来：（64a）里，"完"是一个抽象意义上的体标记，而（64b）里的"完"应该看作一个词汇体标记。

以上 Sybesma 关于结果补语短语的分析表明，普通话存在一个内部体功能语，用来表示终结点意义。同时也表明，V-V 结果补语结构中的动词可以分为两类：一种用来对宾语述谓，另一种用来说明整个事件，表示整个事件的阶段信息。

以上我们介绍了两种普通话内部体句法和语义特征的分析。我们认同 Su（2012）以及 Sybesma（2017）关于普通话动词短语结构的分析等观点，认为普通话动词短语结构上存在一个内部体中心语投射。为了避免歧义，我们仍然使用内部体来代替 Sybesma 所认为的"Asp*"，即抽象体。内部体在我们的分析中表示事件的终结点。其中心语一般情况下为空，尽管有时候，也可以有词汇表现，例如"完"。外部体高于轻动词位置。我们保留 Sybesma 所认为的"Asp#"表示结果。（67）里的树型图主要基于 Sybesma（2017），我们稍作修改。第三章里，我们指出，这些关于内部体的讨论能帮助我们解释长沙方言中体标记的用法。

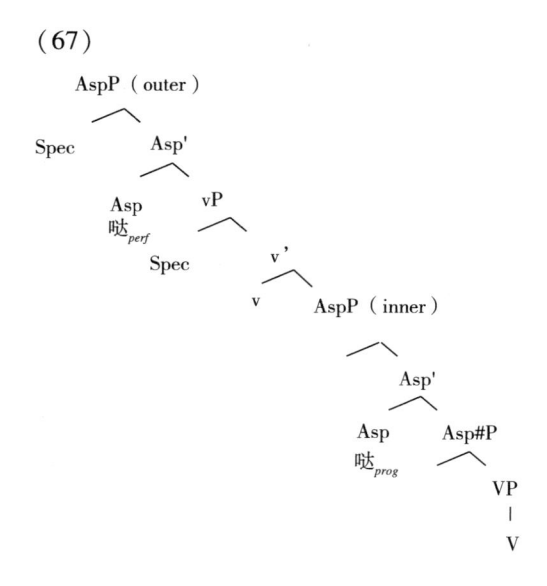

（67）

```
         AspP（outer）
        /    \
      Spec    Asp'
             /    \
          Asp      vP
          哒_perf  /  \
                Spec  v'
                     /  \
                    v    AspP（inner）
                         /    \
                       Asp'
                      /    \
                   Asp      Asp#P
                   哒_prog   |
                            VP
                            |
                            V
```

在这个树型图上，轻动词短语上层的体是外部体，而位于其内部位置的则是内部体，表示终结点意义。内部体与表示结果意义的词汇体不一样，后者位于比内部体更低位置。

第三节　小结

这一章里，我们介绍了我们本书中将要用到的一些分析方法。我们特别介绍了普通话时态和体貌系统，指出，普通话具有句法意义上的时制特征，句法结构中有一个表示时间意义的节点，中心语为一个代词性变量。普通话语法体由体标记表示，而这些体标记成分位于一个功能语位置，终结点意义也是由一个句法层面表示。主要的证据来自普通话持续性和频率副词分布特点，以及其所引起的语义变化。

正如我们一开始所指出来的那样，本书的目的在于从人类语言学普遍理论的角度，探讨长沙方言中体貌系统的句法形态特征。接下来的分析中，我们将提出这些关于时态和体貌系统的理论介绍可以为我们解释长沙方言（湘方言区）提供一个很好的视角。Sybesma（2017）关于普通话动词短语结构的方法也为我们解释湘方言的句法结构提供了合理的理论架构。

第二章　动词+"哒"

第一节　引言

我们已经提到,普通话中完成体形式标记为"了",而非完成体形式标记"在"表示动作正在进行,"着"表示动作持续进行或结果状态的持续。具体例句见(1)。

(1) a. 他拿着/了一本书在手里。
    b. 他拿了一本书出去了。
    c. 他看了一本书。
    d. 他在看一本书。
    e. 他看着我不说话。

"着"和"了"都是体标记词,但是意义不一样。二者在(1a)都可以接受。使用"了",句子表示动作已经完成;如果使用"着",句子表示动作结果状态继续保持(Li & Thompson, 1981)。在(1b)—(1c)里,"了"表示动作已经截止或完成;而在(1d)里,进行体标记"在"表示动作正在进行。在(1e)里,持续体标记"着"表示动作的持续进行。基于这些体标记的用法以及所产生的语义解释,我们似乎可以说体意义的差异总是与不同的体标记有关。但是,在这一章里,我们指出长沙方言里完成体和非完成体标记都可以由同一个标记词表示。即:"哒"。具体例句见(2)—(4)。

(2) a. 他拿哒一本书在手里。　　他拿了/着一本书在手里

	b. 桌子上放哒一本书。	桌子上放了/着一本书
（3）	a. 他看哒那本书。	他看了那本书
	b. 他看哒那本书在咯。	他在看那本书
（4）	他望哒我不作声。	他望着我不说话

正如（2）所表示的那样，"哒"可以理解为一个完成体标记，也可以理解为一个持续体标记。在（2a），"哒"可以看作将事件表示为已经完成；它也可以看作表示结果状态的持续。在（3a）里，它可以看作一个完成体标记，在（3b）里，句子表示动作正在进行。值得说明的是，这个句子中有两个标记词：动词前"哒"和句尾"在咯"。很有可能表示动作进行的意义由句尾"在咯"表示。如果是这样的话，那么问题是，"哒"在句子中起什么作用？事实上，在接下来的分析里，我们将指出，句尾"在咯"并不产生进行体意义。在（4）里，"哒"出现在一个从句里，表示动作与主句的动作同时进行。完成体和非完成体是两个语义对立的概念。在其他语言里，不同意义由不同的标记词来表示。例如，我们已经看到，在普通话里，表示动作截止/完成的意义由"了"表示；而表示动作持续，则由"着"表示。基于这些考虑以及长沙方言的实际情形，我们提出以下两个问题：

1）两个对立的语义如何由同一个标记词"哒"来表示？

2）在哪些语境里，"哒"可以用作完成体标记，在哪些语境里"哒"可以用作持续/进行体标记？

值得说明的是，在本书里我们的主要任务之一是调查"哒"的功能，即一方面"哒"可以用作完成体标记；另一方面"哒"可以作为非完成标记的用法，因此我们暂时忽略持续体和进行体之间的区别，我们统一用非完成体来概括这两种意义。同样的方法延伸到截止/完成体意义，我们用完成体来统称这两种用法。

这一章的结构如下。第二节，我们详细介绍"哒"的分布特点以及语义解释。我们指出，"哒"能用来表示完成体意义，也可以用来表示进行体意义，具体语义解释取决于语境。第三节，我们回顾传统文献中用于解释"哒"的两种方法。其中一种方法提出"哒"的语义解释取决于动词的动态性特征。具体说，与动态性动词连用时，"哒"表示动作已经完成；而与静态动词连用时，"哒"表示一个状态的持续。另一种方法则认为，"哒"应该看作一个状态转变的标记，即事件由一种状态转变成了另一种状态。第四节，我们分别对这两种方法进行详细讨论，并提供新的事实说明传统方法还存在一些不足之处。第五节，我们提出新的方法来区分"哒"的两种语义解释。第六节说明句尾"在咯"的语义解释。第七节提供证据说明长沙方言中有两个"哒"的用法，二者词汇形式相同但是用法各异。第八节是本章结尾。

第二节　基本事实

长沙方言里，"哒"的用法十分广泛。除了可以用作动词尾体标记以外，还可以用在句尾表示肯定语气；用作起始体标记表示一个新的状态的出现；还可以用作介词来表示处所（李荣明，1991[①]；伍云姬，1994[②]；崔振华，1996[③]；Wu，1999[④]）。见例句（5）—（7），选自伍云姬（1999：59）。

(5) 他已经不记得咯只事情哒。
(6) a. 他们看电影哒。
　　b. *他们看电影。
(7) a. 他住哒河西。他住在河西
　　b. *他住哒在河西。

例句（5）里，"哒"用作一个语气词，肯定句子所表示的状态。"哒"在（5）里可以省略，而不影响句子的合法性。但是句子意义稍微有所不同。删除"哒"，句子只是一个中性的描述。如果使用"哒"，句

[①] 李荣明：《长沙方言》，湖南出版社1991年版。
[②] 伍云姬：《长沙方言动态助词》，《方言》1994年第3期。
[③] 崔振华：《益阳方言的动态助词》，伍云姬编：《湖南方言的动态助词》，湖南师范大学出版社1996年版。
[④] Wu Yunji. The development of aspectual system in the Chinese-Xiang dialects. Paris：Ecole des Hautes studes en Sciences socials. 1999.

子表示对所描述的情景的一个肯定。这与（6）不同。在（6）里，"哒"用作一个起始体标记。句子表示所描写的事件已经进入一个新的状态：他们从没有看电影到看电影这两个状态的转变。（7a）里，"哒"用作一个表示处所的介词。（7b）表示，"哒"不能与另一个表示地点的介词"在"同时出现。在本书里，我们只局限于"哒"用作动词尾体标记用法，而不考虑"哒"用作句尾语气词以及介词的用法。

但事实上，情况更为复杂的是，当"哒"用在动词尾，其语义解释变化不一。一般来说，"哒"可以看作一个完成体标记，表示动作已经截止或完成。而在另一些语境里，"哒"用来表示动作的持续/进行。这些语境包括：(i) 活动体动词前有"在咯"；(ii) 活动体事件被方式、地点等状语修饰；(iii) 句尾有"在咯"；(iv) 在"放置""姿势""穿着"类等动词后面。"哒"一般不能出现在状态动词所表示的事件里。更多关于"哒"的用法介绍如下。

一 "哒"与事件性动词

正如我们在本章开始部分所提到的那样，普通话完成体标记"了"表示将事件当作一个整体看待。"了"可以表示动作已经截止，也可以表示动作已经结束。具体的语义取决于它所出现的语境（李荣明，1991；Smith，1997①）。终结性事件里，"了"表示动作已经完成，而非终结性事件里，"了"表示动作已经截止。正如前面已经指出来的那样，本书中我们不太关注这二者之间的区别，而将这两种情况统称为完成体。

同样的语义解释可以延伸到"哒"。前面已经提到，"哒"能用来表示一个事件已经截止或完成，如（8）—（11）。

(8) 张三看哒电视。　　　　张三看了电视
(9) 张三吃哒那只苹果。　　张三吃了那只苹果
(10) 我看哒两个小时电视。　我看了两个小时电视
(11) a. 杯子破咖哒。　　　　杯子破了

---

① Smith, Carlota S., *The Parameter of Aspect*, Dordrecht: Kluwer Academic Publishers, 1997.

b. 张三到咖哒。　　　　　　张三到了

在上述句子里，"哒"只能用作完成体标记。"哒"不能用在状态动词后面。例如（12b）—（13b）不合法。

（12）a. 他喜欢数学。
　　　b. *他喜欢哒数学。
（13）a. 他姓王。
　　　b. *他姓哒王。

动词"喜欢""姓""有""属于"等属于状态动词，不能与"哒"连用。

简而言之，上述例句说明，与事件性动词连用时"哒"能用来表示事件已经完成/截止。一般情况下，"哒"不能出现在状态动词所表示的情状里。

二 "哒"与"放置"类动词

我们已经看到，"哒"在事件性动词里用作完成体标记，表示动作截止/完成。这一节里，我们说明"哒"在另外一些语境里会产生歧义。具体说，在有些情形中，"哒"既可以理解为持续体标记，也可以理解为一个完成体标记。这些语境包括：a)"穿着"类动词；b)"放置"类动词，如"抓""栽""刻""扶""挂""晾""盖"等；c)"姿势"类动词，如"坐""站""躺""倚""靠"等；d)"拿"类动词，例如，"拿""握""抱""提"等。

（14）张三提哒一只篮子。　　张三提了/着一只篮子
（15）张三穿哒一件新衬衣。　张三穿了/着一件新衬衣

在（14）—（15）里，"哒"有两种可能的语义解释。一方面，"哒"可以表示动作已经完成；另一方面，也能用作一个持续体标记，表示动作发生后所产生的结果状态的持续。在后一种情形里，例如（14），

如果使用"哒"作为持续体标记，句子可以表示张三正拿着一个篮子在手里，也可以理解为张三手里拿着一个篮子。对此，我们可以用时间副词来进行测试，以说明"哒"可以产生两种语义解释。

（16）a. 张三昨天提哒一只篮子。_{张三昨天提着/了一只篮子}
　　　b. 张三一直提哒一只篮子。_{张三一直提着一只篮子}

例句（16a）里使用了时间副词"昨天"，"哒"可以产生两种解释。相反，在（16b）里，句子被"一直"修饰，"哒"只有一种解释。更多例句可以从"放置类"动词比如"放""挂"等看出来。

（17）桌子上放哒一本书。　　_{桌子上放着/了一本书}
（18）门口站哒好多人。　　　_{门口站着/了好多人}

例句（17）—（18）里"哒"可以理解为表示动作已经完成，也可以表示动作发生后结果状态的持续。例如（18）里，如果将"哒"理解为完成体标记，句子表示许多人走过来，并停在门口。句子强调的是动作的完成。如果我们将"哒"理解为持续体标记，那么句子表示动作完成后结果状态的持续：很多人停留在门口。句子强调的是目前的状态，而不关心动作是否已经结束。

为了更清楚地分辨"哒"的这两种语义解释，我们也可以使用方式副词"很快"以及事件量词"总是"来加以说明。具体例句见（19a）—（19b）。

（19）a. 门口很快站哒很多人。_{门口很快站了很多人}
　　　b. 门口总是站哒很多人。_{门口总是站着很多人}

例句（19）里，"哒"可以与副词"很快"以及"总是"兼容。这说明，"哒"可以理解为持续体标记，也可以理解为表示动作截止/完成。接下来，我们指出，还有一些情形里，"哒"可以表示动作已经完成或正在进行的意义。这两种语义解释可以出现在方式副词修饰的活动体事件里。

三 "哒"与方式副词修饰的活动体谓词

在第二章第二节第一小节里,我们看到"哒"与事件性谓词连用时可以理解为一个完成体标记。在第二章第二节第二小节里,我们也看到在一些特定语境里,"哒"可以产生两种语义解释。在这一节里,我们将说明如果活动体动词被某些副词修饰时,"哒"也有可能产生歧义。它既可以理解为一个完成体标记,也可以表示动作正在进行。这些副词包括方式副词、地点副词以及工具类副词。具体例句见(20)—(22)。

(20) a. 他看哒电视。他看了电视
b. 他认认真真地看哒电视。他认认真真地看了电视/他在认认真真地看电视

(21) a. 他写哒字。他写了字
b. 他用左手写哒字。他用左手写了字/他在用左手写字

(22) a. 孩子们玩哒游戏。孩子们玩了游戏
b. 孩子们在院里玩哒游戏。孩子们在院里玩着/了游戏

在(20b)里,"哒"只能理解为一个完成体标记,而在(20b)里,句子被方式副词"认认真真地"修饰,"哒"既可以表示动作已经完成,也可以表示动作正在进行。这种歧义现象同样可以在(21b)和(22b)里观察到。不同的是,在(21b)里,修饰谓词的副词是工具性副词"用左手",在例句(22b)里句子中有一个地点状语"在院子里"。(23)—(25)作进一步说明。

(23) a. 他望哒那幅画。他看了那幅画
b. 他蛮有兴致地望哒那幅画。他饶有兴致地看了/着那幅画

(24) a. 他跟哒我。他跟踪了我
b. 他一身不吭地跟哒我。他一身不吭地跟踪了我/他一身不吭地跟着我(身后)

(25) a. 他敲哒门。他敲了门

b. 他轻轻地敲哒门。他轻轻地敲了门/他在轻轻地敲门

"哒"在（23a）里，只能理解为一个完成体标记，而在（23b）里"哒"可以理解为一个完成体标记，也能看作一个进行体标记。同样的观察可以延伸到（24）和（25）。也就是说，在带有方式副词的活动体事件中，"哒"可以看作一个完成体标记，也可以看作一个进行体标记。

四 "哒"与进行体意义

在第二章第二节第二小节以及第二章第二节第三小节里，我们已经指出"哒"能用作完成体标记，表示动作已经完成/截止。我们还指出，在一些特殊语境里，"哒"用来表示动作正在进行，也可以表示结果状态的持续。这一章里，我们指出，与上述情形不同，在某些语境里，"哒"只能用作进行体标记。这些语境包括：i）动词前有"在咯"；ii）句尾有"在咯"；iii）否定式结构。

（一）动词前有"在咯"

在湘方言的很多语言里，进行体由动词前"在咯（里）"，"在那里"表示。这些成分主要来自表示方位的介词。"在咯里"表示说话者距离动作发生地点比较近，"在那里"表示说话者距离事件发生地点比较远。后来两者逐渐发展成为进行体标记"在咯"。"在咯"不能与表示地点的介词共现，见（26）。

（26） a. 他在咯看电视。　他正在看电视
　　　b. 他在家里看电视。他在家里看电视
　　　c. *他在咯在家里看电视。

例句（26a）为表示长沙方言里进行体的表示方式，即由"在咯"表示，（26b）表示在没有其他时间状语的情况下，地点状语位于动词前不仅表示动作发生的地点，也可以表示动作正在进行。（26c）表示地点状语"在家里"不能与动词前"在咯"共现。

有意思的是，一般来说，"哒"可以与进行体标记共现。二者共现

时，句子不能表示动作已经完成，见（27）。

(27) a. 我看哒电视。我看了电视
b. 我在咯看哒电视。我在看着电视
c. 我在咯看电视。我在看电视

在（27a）里，"哒"表示动作已经截止/完成。在这个句子里，"哒"是一个完成体标记。在（27b）里，句子使用了动词"在咯"，"哒"也能出现。句子表示动作正在进行。不过，值得说明的是，"哒"不一定要出现。但是使用"哒"与否，句子的意义稍微发生变化。如果使用"哒……在咯"，句子强调动作的持续；如果只使用动词前进行体标记"在咯"，句子强调动作正在进行。我们比较（27b）与（27c）：在（27b）里，句子使用了"哒"，句子不仅表示动作正在进行，而且还说明动作在持续进行当中。而相比之下，（27c）只是强调动作在说话时刻正在进行。为此，我们可以想象这样一个情景：李四叫张三去打球，而张三不想去，他会说（27b）而不是（27c）。说这句话时，张三暗示说他已经在看电视了，短时间内不会停下来去做其他的事情，因此他不会与李四去打球。而如果李四问张三："你在干什么？"张三不会用（27c）而是用（27b）来做出回答。这里关键的一点是，使用"哒"和进行体合并时，句子强调动作的持续，句子很像是对一个动态状态的描写。如果单用进行体而不用"哒"的话，句子表示动作正在进行，句子更像是对一个正在进行的动作的描写。为了说明"哒"可以与进行体标记合用，我们再举两例，见（28）—（29）。

(28) a. 我们打哒麻将。我们打了麻将
b. 我们在咯打哒麻将。我们正在打麻将
(29) a. 我们起哒房子。我们（家）建了房子
b. 我们在咯起哒房子。我们家正在建房子

在（28a）—（29a）里，"哒"可以理解为一个完成体标记。在（28b）—（29b）里，句子增加了"在咯"。"哒"则只能理解为一个进

行体标记。

（二）句尾有"在咯"

上述介绍说明，"哒"与"在咯"合用具有可选性，使用与否会引起句子意义的稍微改变。这一节里，我们指出，长沙方言"在咯"也能出现在句尾位置。在这种情况下，"哒"具有强制性，见（30）。

(30) a. 我们打哒麻将在咯。我们正在打麻将
　　　b. *我们打麻将在咯。
　　　c. 我们打哒麻将。我们打了麻将
　　　d. 她洗哒衣服在咯。她正在洗衣服
　　　e. *她洗衣服在咯。

在（30a）当中，句子使用了句尾"在咯"。这时"哒"不能省略，否则造成句子不合法（30b）。这一点与动词前"在咯"不一样。值得说明的是，我们前面说过，"哒"可以用在事件性动词后面，表示动作已经完成/截止。因此在（30）里，如果我们删除句尾"在咯"，则句子只能产生完成体意义解释。

（三）"哒"在否定式结构中

"哒"可以用在否定式结构里，但是句子只能产生一种意义，即该句子用来否定一个正在进行的动作。

(31) a. 他看哒电视。他看了电视
　　　b. 他冇看哒电视。他没在看电视
(32) a. 他洗了衣服。他洗了衣服
　　　b. 他冇洗哒衣服。他没在洗衣服

"哒"在（31a）—（32a）里，是一个完成体标记。（31b）—（32b）里，句子使用了否定副词"冇"（没有）。这时句子只能产生进行体意义。这说明，"哒"的语义解释对语境具有选择性。但是这种选择性不是取决于动词的动态性。例句（31）—（32）里使用的都是动态性动词，句子产生了进行体意义而不是完成体意义。

五　小结

上述我们已经说明，与事件性动词连用时，"哒"表示动作已经截止/完成。"哒"能否表示完成或截止意义取决于事件的性质。在终结点事件里，"哒"表示事件已经完成，而在非终结点事件里，"哒"表示动作已经截止。"哒"一般不能出现在状态动词的后面。

除此以外，我们还指出，在表示方式或工具等副词修饰的句子中，"哒"可以表示动作已经完成，也可以表示动作正在进行。

然后我们还分别说明了"哒"可以与进行体标记"在咯"以及句尾"在咯"连用的用法。我们指出与进行体标记连用时，"哒"表示动作正在进行；与句尾"在咯"连用时，句子的具体语义取决于事件的性质。如果是活动体事件，句子表示动作正在进行；如果是实现体或达成体事件，句子只能理解为动作已经完成。方便起见，"哒"在不同语境下的各种语义解释表示为表 2-1。

表 2-1　　　　　　"哒"在不同语境下的各种语义解释

动词类型	意义	语境
事件性动词	完成/截止	动词+哒
	进行	（i）在咯+动词+哒；（ii）哒+在咯；（iii）否定式
	持续	"放置""穿着""拿"类动词+哒

表 2-1 说明，"哒"与事件性动词连用时，可以用作一个完成体标记。但是在特定的语境里，它也可以表示动作正在进行。例如，在方式、工具等副词修饰的句子里，"哒"可以表示动作正在进行或者已经完成。而与"穿着""放置"或"拿"类等动词连用时，它用来表示动作已经完成或结果状态继续保持。

这些观察很有意思：同一个体标记如何能表示两个语义上对立的成分？相关的问题是，我们如何分辨这两种意义？理论上说，我们有两种选择。一种可能是，我们的语言中只有一个体标记形式，其主要作用是表示动作已经完成。其他意义是语境作用的结果。另一种可能是，我们的语言中有两个同形但不同义的体标记。在提出我们的分析之前，我们先介绍现有文献对这些问题的分析。

第三节 文献介绍

一 "哒"与完成体/进行体语义叠合

在以往文献里，人们普遍认为"哒"是一个多功能性标记。"哒"可以表示完成体、进行体以及持续体用法（Wu，1999[1]；李荣明，1991[2]；卢小群，2007[3]等）。其中，李荣明（1991）认为，"哒"有两种用法：一种用法是用作语气词（句尾）；另一种用法是用作体标记。当"哒"用作体标记时，它相当于普通话里"着"和"了"。Zhou（1998）[4]认为，"哒"应该看作一个过去时标记，相当于普通话"了"（P.9）。Wu（1999）提出："'哒'作为体标记的用法类似于'了'和'着'，其中'了'为完成体标记，'着'表持续（Wu，1999：59）"。卢小群（2007）认为，"哒"相当于普通话里"过""着"和"了"（P.230）。

考虑到"哒"的多功能性用法，也有人认为，这与动词的动态性质有关（卢小群，2007；崔振华，1997）。崔振华（1997）认为，如果"哒"所依附的动词为动态性，"哒"表示完成体，而如果是状态动词，那么"哒"就是一个持续体标记。例如（33a）里，动词"吃"具有动态性，"哒"表示动作已经完成，而在（33b）里，动词"睡觉"描写的是一个静态状态，"哒"表示所描写的状态持续保留。

(33) a. 他吃哒苹果。他吃了苹果
　　　b. 他在床上睡哒。他在床上睡着

卢小群（2007）与崔振华（1999）观点接近。她认为，"哒"作为体

---

[1] Wu Yunji, The development of aspectual system in the Chinese-Xiang dialects [M]. Paris：Ecole des Hautes studes en Sciences socials. 1999.

[2] 李荣明：《长沙方言》，湖南出版社1991年版。

[3] 卢小群：《湘语语法研究》，中央民族大学出版社2007年版。

[4] Zhou, Minglang, "Tense/Aspect Markers in Mandarin and Xiang Dialects, and Their Contact", Sino-Platonic Papers number 83, 1998.

标记用法时，具有跨语类的作用。为了解释这种语义歧义，我们需要依赖动词的语义以及语境（卢小群，2007）。在崔振华（1999）的基础上，卢小群认为，"哒"与事件性动词连用来表示一个动作已经完成。例如"洗""唱""说""哭"等。而如果是状态动词，则"哒"表示状态的持续。在她的分析中，"姿势"类、"放置"类等动词都是静态动词。很明显，卢小群将"哒"的语义解释归因于"哒"所在的语境。她声称，"有时候我们需要语境来确定"哒"的语义解释（P. 233）"。（34）选自（卢小群，2007：233）。

(34) a. 张三拿哒一只书包去咖哒。
b. 张三拿哒一只书包在手里。

根据卢小群的看法，句子（33a）描写了两个动作："拿"和"去"。由于"哒"用在第一个动作动词后面，因此是一个完成体标记。而在（33b）里，使用了地点副词"在手里"，句子描写一个状态，因此"哒"表示状态的持续。

二 "哒"与状态转变标记

与上述分析不同，作者（2010 a）提出，"哒"的多功能性用法可以统一起来。具体说，"哒"是一个完成体标记，表示事件已经由一种状态转变到另一种状态。例如，（9）可以表示张三已经从没有吃苹果转变到吃了苹果的状态。同样，（14）可以理解为标记张三已经从没有提篮子的状态转变到提了篮子的状态。（9）和（14）重复如（35）—（36）。

(35) 张三吃哒那只苹果。张三吃了那只苹果
(36) 张三提哒一只篮子。张三提了一只篮子

根据这个状态转变的方法，我们无须区分"哒"表示完成体意义或进行体意义。两种情况下，"哒"都用来表示事件从一个状态转变到另一个状态。

三 小结

总而言之，在第二章第三节里，我们介绍了两种解释"哒"的多功能用法。其中一种方法认为动词的动态性特征影响"哒"的语义解释。在动态动词后面"哒"表示完成体意义，而在状态动词后面，"哒"表示持续体意义。另一种方法则认为，我们可以用状态转变这一概念来统一"哒"的用法。接下来的分析里，我们对这两种方法进行考察，指出，动词的动态性特征并不能区分"哒"的用法，另外，状态转变方法也不足以解释"哒"在不同语境里语义的变化。

第四节 文献评论

一 动态性与"哒"的语义无关

这一节里，我们对传统文献中关于"哒"的多功能性用法进行回顾，并提出五个理由说明"哒"的多功能用法与动词的动态性质没有直接的联系。

第一，我们指出，即使是一个动态性动词，"哒"与其连用时也不一定表示动作完成/截止。例如，我们已经指出，在副词修饰的事件里，"哒"不仅可以表示动作已经被截止，也可以表示动作正在进行。具体例句见（37）—（38）。

(37) a. 他看哒那本书。他看了那本书
　　 b. 他认认真真地看哒那本书。他认认真真地看着/了那本书
(38) a. 他望哒那本书。他看了那本书
　　 b. 他呆呆地望哒本书。他呆呆地看着/了本书

句子（37）—（38）里的动词为动态性。但是有意思的是，"哒"在（37b）—（38b）既可以表示动作已经完成也可以表示动作正在进行。（37）—（38）表明，显然"哒"的语义解释与动词的动态形式没有直接的关系。

第二，我们认为"哒"的语义解释与动词的动态性质没有直接的关系还可以根据句尾"在咯"的用法进行说明。前面我们也已经指出，在活动体动词表示的事件里如果"哒"与句尾"在咯"连用，那么句子只有一种解释，即表示动作正在进行。

(39) a. 他洗哒衣服在咯。他正在洗衣服
　　　b. 他盖哒房子在咯。他正在建房子

动词"洗"和"盖"都是动态性动词，但是"哒"在句子中并不产生完成体意义，而是表示动作正在进行。这说明将"哒"的语义解释和动词的动态性质联系起来不合情理。值得说明的是，人们可能会说，(39)里，句子所产生的进行意义由句尾"在咯"表示，而不一定由"哒"来表示。在第二章第七节第一小节里，我们将指出，事实并不是这样。

第三，来自"哒"与"放置""姿势"类等动词连用时所产生的语义。传统的文献中，这些动词都被看作静态动词（卢小群，2007：22）。但是，这些动词是否是动态或静态一直有争议。人们观察到至少像"姿势"类动词中，当其主语为行为者时，该动词可以理解为动态性动词。与我们的分析相关的是，这些情况下，"哒"实际上是一个完成体标记。(17)—(18) 重复于 (40)—(41)。

(40) a. 桌子上已经放哒一本书。桌子上已经放着/了一本书
　　　b. 一本书在桌子上放哒。一本书在桌子上放着
(41) a. 门口一下子站哒很多人。门口一下子站了很多人
　　　b. 门口很多人站哒。门口很多人站着

根据李荣明（1991）、Zhou（1998）、Wu（1999）以及卢小群（2007）等看法，这些动词都被看作静态动词。"哒"被理解为持续体标记。但是，这些句子中的（a）句分别由修饰动作的副词"一下子"和"已经"，这说明这两个句子中的动词不能看作静态的。我们也许可以假设，"哒"的这种非完成体用法实际上源自于完成体意义的"哒"：动作

已经完成。那么人们所说的持续意义实际上是动作发生后所产生的结果，而所谓的持续体意义是人们推理的结果。这些持续体语义是由动词本身的特点决定的。

第四，如果说"哒"能与状态动词连用表示状态的持续，那么我们应该可以看到这种用法在一般性状态动词所表示的情状里出现。也就是说，这种用法应该具有能产性。但事实并不是这样。"哒"不能用在一般状态动词后面表示状态的持续。见（42）。

（42）a. *他在上海住哒。
　　　b. 他在上海住。

动词"住"是一个静态动词，"哒"并不能与其连用（42a）。如果说"哒"与静态动词连用表示状态的持续的话，那么，（42a）的不合法性应该不会出现。

第五，传统的方法无法说明"哒"为什么能与进行体标记共现。进行体选择动态性动词，因此，"哒"能与进行体共现的事实说明我们无法坚持"哒"与动态动词连用时表示完成体意义的说法。进行体和完成体是两个对立的语义特征，如果我们坚持认为不同语境下"哒"的用法都理解为完成体标记，我们很难解释它与进行体共现的事实。

二 "哒"不是一个状态转换标记

为了解释"哒"的这种多功能性用法，作者（2010 a）提出，"哒"依然是一个完成体标记。不过，与传统的解释不同，"哒"的主要作用是表示事件或状态已经发生了状态变化，由一种状态变化到了另一种状态。表面上看来，提出"哒"是一个状态转换标记，我们可以避免许多的问题。但是这个方法依然不能尽如人意。这主要是因为，我们依然有一些事实无法很好地解释。例如，在活动体事件里，当出现否定副词时，"哒"只能表示动作的持续进行。(31) 重复于（43）。

（43）a. 他看哒电视。他看了电视
　　　b. 他冇看哒电视。他没在看电视

如果说"哒"是一个表示状态转变的标记，那么我们无法解释为什么"哒"可以在（43a）里用作一个完成体标记，而在（43b）里表示进行体意义。并且，状态转变的方法无法解释为什么"哒"可以与进行体标记动词前"在咯"连用。基于这些考虑，我们认为状态转变的方法也需要进一步思考。

值得说明的是，采用这种单个虚词的方法来解释"哒"的意义，我们似乎还有一种可能。我们也许可以说"哒"是一个"标记型"的完成体标记。我们这里所谓的"标记型"完成体是指"哒"不同于一般意义上的完成体标记形式。它不仅用来表示动作的完成，还能表示结果状态的持续。我们在这所说的完成体不同于 Comrie（1976）① 所定义的完成体意义。我们将后者称为无标记完成体。也就是说，我们认为无标记完成体是指"将事件当作一个整体表示，而不涉及事件的内部阶段（P.16）"，同时参见 Smith（1991/1997）②，后者认为，完成体就是将事件当作一个整体，其辖域涉及事件的起始和终结点（Smith，1991：103）。根据这个定义，"哒"不仅表示事件的终结点，还包括动作结果（如果有的话）。这似乎是可行的。因为我们已经看到正常情况下，与非状态性动词连用，"哒"用来表示事件完成的意义。只有在特殊的语境里，"哒"才能用来表示动作的持续。更重要的是这个方法给我们提供了一个能解释"姿势"以及"放置"类等动词的方法。这些动词的一个共同特征是，动作发生后会产生一个结果。与这些动词连用，"哒"可以有两种语义：可以表示动作已经完成，也可以表示结果状态的持续。如果是这样的话，我们可以认为结果状态的持续是"哒$_{完成}$"的语义的一部分：它不仅表示事件终结点，还包括动作完成之后的时间段。

在我们继续讨论这种方法是否可行之前，我们了解一下与我们的讨论密切相关的另一种语言：提纳语（加拿大北部的一个方言）。我们了解到这种动作发生后产生一定结果状态的现象并不局限于长沙方言。在提纳语中同样存在。在解释提纳语完成体意义时，Wilhelm（2007）指出，一般意义上的完成体意义无法解释提纳语完成体用法。这主要是因为提纳语活

---

① Comrie Bernard. *Aspect*, Cambridge University Press, 1976.

② Smith, Carlota S., The Parameter of Aspect, Dordrecht: Kluwer Academic Publishers, 1997.

动体事件的完成体不仅表示动作已经截止，而且还表示事件已经完成（Wilhelm，2007：49）。她认为，"我们肯定不能用解释实现体的方法来解释活动体（P.51）"。在 Klein（1994）① 以及 Parsons（1990）② 基础上，Wilhelm 提出，提纳语的完成体不仅关涉整个事件，而且关涉事件发生后的时间段"posttime"。Wilhelm 没有明确定义什么是"posttime"。根据其提供的例句（44），我们将她所说的"posttime"理解为状态转变后的时间。（44）表示无标记完成体。（44）—（45）选自 Wilhelm（2007：49）。

(44) 无标记完成体
　　…［TT-｛TSit …｝-］…>
(45) Dëne 完成体
　　…［TT-｛TSit …｝-］++++++>

根据 Wilhelm（2007）的观点，当一个事件被表示为"posttime"时，即意味着事件已经结束。由于完成体包含"posttime"时间，每一个话题时间包含一个状态变化，也就是从 φ（由动词词汇意义表示，并且包含整个事件）转变到¬φ（"posttime"时间也为真，并且是完成体动词意义一部分）（Wilhelm，2007：52-53）。Wilhelm（2007）用（46）—（47）来说明她所说的"posttime"时间概念。（46）—（47）选自 Wilhelm（2007：52-53）。

(46) nonstative
　　a. Nesdá
　　　Ne-Ø-1s-cl-stem：sg sit
　　　"I am sitting down（in the process）."　　（非完成体）
　　b. nida
　　　ne-CM-1s-cl-stem：sg sit

---

① Klein Wolfgang, *Time in Language*, London：Routledge, 1994.
② Parsons Terence, *Events in the Semantics of English*, Cambridge, Mass：MIT Press, 1990.

"I sat down."　　　　　　　　　（完成体）

(47) stative

a. Thida

The-i-∅-da

CM-1s-cl-stem：sg sit

"I sat/was sitting (now I don't anymore)."　　　　（非完成体）

b. ghidá

ghe-i-∅-dá

CM-1S-cl-stem：sg sit

"I am sitting (I sat down and am now sitting)."
（完成体）

根据 Wilhelm，状态动词的非完成体形式与事件类动词的完成体形式具有同样的标记（尽管是隐性形式）；因此形态上来说，也可以看作完成体（Wilhelm，2007：53）。在（46b）里，状态动词的非完成体形式表示动作的结果，或者说"posttime"时间。

根据"posttime"的方法，完成体标记不仅表示动作已经完成，而且表示结果状态的持续。回到我们关于长沙方言的事实，我们来考虑一下是否能采用这个方法。表面看来，这个方法似乎可以用来解释"哒"与"放置""姿势"类等动词的用法。这些动词在动作发生后，都能产生一定的结果状态。因此，我们似乎可以说"哒"的语义解释是由完成体意义决定的。（46）—（47）里可以看出，提纳语似乎与长沙方言相似：某些动词的完成体形式不仅表示动作完成，还能表示结果状态的持续。我们似乎同样也可以将"哒"看作一个有标记的完成体。

但是我们至少有三个理由认为这种"posttime"方法不适合长沙方言。我们的第一个证据是，如果我们采用"posttime"方法，我们应该可以看到这种语义解释不仅可以出现在"姿势""放置"类等动词后面，也能用于其他动词。而事实上并不如此。我们观察到长沙方言里，"哒"与其他动词连用时，句子表示动作已经截止。见（48）。

（48）a. 他游哒泳。他游了泳
　　　b. 他游咖哒泳。他游完了泳

"哒"在（48a）里，表示事件已经被截止，而（48b）里添加了"咖"。句子表示事件已经完成。值得说明的是，关于"咖"的具体用法，我们将在第三章里进行详细论述。

我们的第二个证据是，"哒"与进行体形式的动词连用时，并不能产生结果状态的语义解释，具体例句见（49）。

（49）a. 他一直玩哒游戏。他一直玩着游戏
　　　b. 我们打哒麻将在咯。我们正在打麻将

在（49a）—（49b）里，"哒"可以理解为一个进行体标记。因此这使得我们很难将"哒"与完成体标记用法连用起来，更不用说是"posttime"了。

第三个证据，我们看到当活动体动词表示为进行体时，"哒"总是可以出现。

（50）a. 我们在咯打哒麻将。我们正在咯打麻将
　　　b. 他们在咯看哒电视。他们正在看电视

在（50）里，"哒"与进行体标记连用。完成体和进行体是两个语义对立的体标记。如果"哒"是一个完成体标记的话，显然我们不能将两者合用。

三　小结

上述分析中，我们首先指出，"哒"的语义解释与动词的动态性没有直接的关系。因为"哒"在非状态事件中可以产生完成体意义，在有的情形里也可以理解为表示动作正在进行。显然，动态性特征不是区分"哒"的多功能性用法的关键因素。然后我们提出，将"哒"看作一个状态转变的标记或者一个有标记的完成体标记也不合适。接下来的分析里，我们将提出一个新的方法来解释"哒"。我们首先提出应该区分两个

"哒"的用法,然后我们提出区分这两个"哒"的方法。

第五节 新的方法:哒_完成和哒_进行

这一节里,我们说明不应该将"哒"看作一个完成体标记。相反,我们认为长沙方言应该区分两个"哒":一个用来表示完成体;另一个用来表示进行体意义。在介绍我们的分析之前,我们首先指出"哒"不宜看作一个持续体标记。"哒"的持续体意义实际上是"哒"用作完成体标记的用法中推理出来的结果。

我们主要有两个理由。首先,我们观察到,人们所说的持续体意义其实非常接近于完成体:动作已经结束,动作所产生的结果状态还保留着。这有点类似于上面说的"posttime"。其次,我们在本章一开始已经说明,在"哒"理解为完成体的语境里,普通话一般用"了"。因此,从现在开始,我们忽略"哒"用作持续体意义的用法。我们只关注如何区分表示"哒"用作完成体意义和进行体意义。

我们提出区分两个"哒"的用法,主要有三个证据:第一个是"哒"所在的句子可以受到方式、处所、时间等副词修饰;第二个是"哒"在否定结构里只能理解为进行体标记;第三个证据则是"哒"与句尾"在咯"合用所产生的语义。

一 "哒"与方式等副词

在第二节里,我们已经说明,活动体事件受方式副词修饰时,"哒"能用来表示事件正在进行,或者是将其看作一个完成体标记。相关例句见(51)—(52)。

(51) a. 他看哒电视。他看了电视
   b. 他认认真真地看哒电视。他认认真真地看了/着电视
(52) a. 张三洗哒衣服。张三洗了衣服
   b. 张三很不情愿地洗哒衣服。张三很不情愿地洗了/着衣服

在(51a)里,"哒"只有一个语义解释,而在例句(51b)里,如果句

子被副词"认认真真地"修饰，进行体和完成体两种意义都可以获得。同样，例句（52a）句子没有副词修饰，"哒"只能表示完成体，而在例句（52b）里，句子中有副词"很不情愿地"，"哒"可以有两种解释。类似的观察可以延伸到工具性副词或地点副词修饰的句子中。见例句（53）—（54）。

（53）他们在那里起哒房子。他们在那里建着/了房子
（54）他用左手写哒字。他用左手写着/了字

在（53）—（54）里，句子使用了地点状语和工具性副词状语，"哒"既可以表示完成体也可以表示进行体意义。句子可以表示事件已经结束，也可以理解为动作正在进行。

值得说明的是，如果我们坚持认为只有一个表示完成体意义的"哒"，认为其他语义是语境作用的结果，那么我们很难解释（53）—（54）的情形，因为在同一个语境里，"哒"能产生两种意义。

二 "哒"与否定式结构

我们已经看到第二章第二节里，"哒"能用在否定结构里，但是句子只有进行体意义。

（55）a. 他看哒电视。他看了电视
b. 他冇看哒电视。他没在看电视
c. 他冇看电视。他没有看电视

"哒"在（55a）里用作完成体标记，表示动作已经完成。在（55b）里，使用了否定标记"冇"，"哒"依然能够使用。但是这种情况下，"哒"不能理解为完成体，而只能理解为进行体标记。否定副词"冇"用在（55c）里，句子能获得完成体意义。

长沙方言里，"冇"相当于普通话里的"没有"。其中，"冇"是一个完成体标记（Wang，1965）[①]。普通话里，"没有"不能与完成体"了"

[①] Wang William S. Y., "Two Aspect Markers in Chinese", *Language*, 1965, 457-470.

共现，因为"了"和"冇"都是完成体标记。例如，（55）在普通话里表示为（56）。

(56) a. 他看了电视。
b. *他没有看了电视
c. 他没有看电视。

因此，"了"以及其对应形式"没有"不能共现。"了"和"没有"之间的这种关系在长沙方言里同样存在，二者表现为"哒"和"冇"，原则上"哒"不能和"冇"共现。因此，我们认为与否定式合用的"哒"不同于其他情形里的"哒"。该句子中的"哒"表示进行体意义。

三 "哒"与动词前"在咯"以及句尾"在咯"

我们的第三个观察涉及"哒"与动词前"在咯"以及句尾"在咯"合用时的情况。在第二章第二节第四小节里，我们已经说明，动词前"在咯"是一个进行体标记。我们已经说明，"哒"可以与动词前"在咯"合用，句子产生进行体意义。如果"哒"是一个完成体标记，我们很难解释二者合用的情形。

更为糟糕的是，如果我们将各种情形中"哒"的用法一律看作完成体标记，那么我们将无法解释"哒"与句尾"在咯"合用的情形。我们知道，当句尾"在咯"与"哒"合用时，句子只能理解为动作正在进行。但是这种解释无法在达成体事件里产生。尽管目前为止，我们尚不清楚进行体意义是由"哒"还是由"在咯"产生，但是在接下来的分析里我们将说明，这些情形里也不宜将"哒"看作一个完成体标记。

(57) a. 他看哒电视在咯。他正在看电视
b. 他起哒一栋房子在咯。他正在建一栋房子

例句（57a）里只有一种解释：动作正在进行；在（57b）里，句子只能理解为动作已经完成。这两个句子都使用了"哒"和"在咯"。在（57b）里，"在咯"可以省略。之前，我们已经说明，在实现体动词所表

示的句子例如"起_建哒一栋房子"里,"哒"只能理解为完成体标记。显然,(57b)里"在咯"的出现与否并不影响句子的语义解释。在(57a)里,"在咯"的出现与否的确影响了句子的语义解释。但是,我们并不能就此认为进行体的意义来自"在咯"。因为,为了获得进行体意义,"哒"也必须出现。因此很有可能(57)里进行体意义来自"哒"。换句话说,带有"在咯"的句子并不能说明"哒"一定是一个完成体标记。我们也可以说有时候"哒"并不是一个完成体标记,而是一个进行体标记。在第二章第六节里,我们将更详细地说明句尾"在咯"不能看作一个进行体标记。

根据上述讨论,我们认为不应该将"哒"的用法一律看作一个完成体标记。相反,我们提出有两个"哒":哒_完成和哒_进行。

采用这种两个"哒"的方法,我们必须回答两个问题:

1)我们如何分辨这两个体标记的用法?

2)我们已经看到"哒"表示进行体意义时,句子总是需要使用其他额外的成分(例如,动词前或句尾"在咯"、否定式、副词等),而"哒"表示完成体意义时,句子则不需要。那么这些语境有什么共性特点使得"哒"能用作进行体标记?

为了回答这两个问题,我们的分析从"哒"与句尾"在咯"合用的情形开始。在上述讨论中我们已经指出句尾"在咯"能使句子产生进行体意义,表面上看来我们并不清楚进行体意义如何产生。有可能来自"在咯",也有可能来自"哒"。或者,我们说"哒"是一个进行体标记,那么我们需要弄清楚句尾"在咯"的意义。接下来的讨论中,我们先介绍两种解释句尾"在咯"的方法。其中一种方法认为"在咯"表示语气词;另一种方法认为"在咯"是进行体标记,然后我们对"在咯"的语义重新进行解释。

第六节 句尾"在咯"的语义解释

一 句尾"在咯"是语气词吗?

普通话里有一些用来表示说话者的态度、情感以及语气的词语。这些词语被称为语气词，并且被认为是标句词范畴里的一个功能性成分。我们在本书里指出，长沙方言句子里也存在这样一个表示语气意义的功能语投射。例如句尾"嘞""啵"等位于此位置。

传统的分析中，关于湘方言句尾"在咯"的用法有人认为它是一个语气词。例如瞿建慧（2007）[①] 认为，泸溪方言句尾"在"用来表示肯定的语气。根据这个分析，"哒"与"在咯"合用形式是一个进行体标记。(58)—(59) 选自瞿建慧（2007：53）。

（58）门开哒在咯。门开着
（59）墙上挂哒画在咯。墙上挂着画

瞿建慧认为（57）—（58）里，"哒"是一个持续体标记。因为，"在咯"可以被删除，而且删除之后不改变句子的意义。瞿建慧认为句尾"在咯"可以看作一个肯定意义的语气词，它只是用来加强句子表持续的意义。

将句尾"在咯"（其他方言里，人们用"在"或"在咯里"）看作一个语气词在普通话方言研究中并不新鲜。例如，吴伶（1998）[②] 认为，武汉话里，句尾"在"表示肯定语气。项菊（2000）[③] 也认为，英山方言中句尾"在"是一个语气词。

但是我们并不这样认为。我们至少有两个理由反对将长沙方言句尾"在咯"看作一个表示肯定意义的语气词。(58)—(59) 所反映的只是"在咯"的部分用法。事实上，我们已经观察到，将动作表示为正在进行时，"在咯"不能省略，具有强制性。(53) 重复于 (60)。

（60）a. 他看哒电视在咯。他正在看电视
　　　b. 他看哒电视。他看了电视

[①] 瞿建慧：《湖南泸溪方言的助词"在"》，《语文研究》2007 年第 2 期。
[②] 吴伶：《武汉方言的助词"在"》，《华中师范大学学报》（人文社会科学版）1998 年第 00 期。
[③] 项菊：《湖北英山方言的体助词"倒"》，《黄冈师范学院学报》2000 年第 2 期。

第二章　动词+"哒"　　　67

在（60a）里，"在咯"不能删除。删除"在咯"，句子无法获得动作正在进行的意义。(60)里的最小比对句说明，"在咯"与"哒"合用使句子产生动作正在进行的意义时发挥重要作用。根据普遍接受的关于语气词的理论：一个语气词可以被删除而不影响句子的意义，可见我们将句尾"在咯"看作语气词不合情理。

第二个理由是，我们观察到"在咯"可以与其他句末语气词合用。见（61）。

(61) a. 他看哒电视在咯嘞。他正在看电视嘞

b. 他打哒球在咯吗？他正在打球吗

在（61）里，"在咯"可以与表示肯定的"嘞"或疑问的"吗"连用。这说明，"在咯"不应该看作语气词，因为同一个位置上不会有两个相同意义的成分。"在咯"能和"嘞"或"吗"共现的事实说明，"在咯"应该位于其他位置。

二　句尾"在咯"（动词前"在咯"）

第一，传统文献中也有语言学者认为句尾"在咯"可以看作一个进行体标记。例如贺凯林（1999）[①]认为，溆浦方言句尾"在"的用法与动词前进行体标记一致。主要的理由是这两个词都能表示动作正在进行。(60a)—(60b)重复于(62a)—(62b)，动词前"在咯"出现在(62c)里。

(62) a. 他看哒电视在咯。他正在看电视

b. 他看哒电视。他看了电视

c. 他在咯看哒电视。他正在看电视

在(62b)里，"哒"用作完成体标记，而在(62a)里，增加了句尾"在咯"，句子表示所描写的动作正在进行。因此立即的问题是：

[①] 贺凯林：《溆浦方言研究》，湖南教育出版社1999年版。

(62a) 里进行体意义如何产生？我们也许可以认为进行体意义来自句尾"在咯"，因为（62a）和（62b）这两个句子的差异在于（62a）里使用了句尾"在咯"而（62b）则没有。如果"在咯"的确能表示动作正在进行，那么我们可以说它能使句子产生进行体意义。如果是那样的话，我们可以说动词前"在咯"与句尾"在咯"都是进行体标记。但是，我们认为这个假设并不成立。我们至少有五个理由认为不应该将二者混淆。第一，我们观察到一些状态动词也可与句尾"在咯"兼容，但是不能与动词前"在咯"兼容。见（63）。

(63) a. 我脑壳痛哒在咯。我脑壳痛
　　　b. *我在咯脑壳痛哒。

例句（63a）合法，（63b）不合法。可见，二者不能同等对待。理论上来说，对于（63），我们有两种解释。一种解释是认为，"哒"和"在咯"都是进行体标记，二者之间的差异在于它们的句法位置不同。另一个解释是，这两个标记并不是相同的成分。例如，我们可以认为，与动词前"在咯"不同，句尾"在咯"不是一个进行体标记。这可以用来解释（63a）。因为真正意义上的进行体标记不能与状态动词连用表示状态正在进行的意义。

第二，我们认为，它们之间的差异在于动词前的地点状语能与句尾"在咯"合用，但是不能与动词前"在咯"合用。值得说明的是，普通话里人们普遍认为进行体标记"在"由表示处所的介词短语发展而来。因此，在一个没有任何其他体标记的句子中，地点状语可以产生进行体意义。长沙方言同样如此。这可以解释为什么例句（64a）里地点状语"在家里"可以解释为正在进行。

(64) a. 他在家里看电视。
　　　b. 他在家里看哒电视在咯。他在家里看电视
　　　c. *他在家里在咯看电视。

例句（64a）中，地点状语"在家里"不仅用来表示动作发生的地

点，也用来表示动作正在进行。句尾"在咯"与这样的短语兼容（见64b）。例句（64a）与（64b）之间的意义差别不大。只是例句（64b）更强调动作正在进行的状态。相比之下，例句（64c）里动词前"在咯"不能与动词前的地点状语连用。这也许是动词前地点状语与动词前进行体标记"在咯"位于同一位置的缘故。也有可能是二者表示相同的意义，即表示动作正在进行。如果后一种假设正确的话，句尾"在咯"就不应该看作进行体标记。

第三，就像我们上述已经指出来的那样，动词前"在咯"能用来表示一个动作正在进行，而句尾"在咯"不能。仅根据这一点也足以说明句尾"在咯"不能看作进行体标记。见（65）。

(65) a. 张三在咯看电视。张三正在看电视
　　　b. *张三看电视在咯。

第四，这两个标记词在否定式中的表现也不一样。这可能与前面所讨论的情形相关，但是依然值得指出来的是：动词前"在咯"能用在否定式里，而句尾"在咯"则不行。

(66) a. 张三冇在咯看电视。
　　　b. *张三冇看电视在咯。

不管我们如何解释这二者之间的差异，例句（66）表明这两个成分应该区分开来。

第五，我们指出句尾"在咯"本身不能产生动作正在进行的意义，其所在的句子有时候也不能产生进行体意义，例如"在咯"和实现体和达成体合用的句子。

(67) a. 垃圾丢哒桶里（在咯）。垃圾丢在桶里
　　　b. 他洗哒衣服（在咯）。他在洗衣服

例句（67a）里动词是一个达成体动词，"哒"在句子中用作完成体：

完成体动词不能出现在进行体意义里。值得说明的是,"在咯"在这个句子中可以省略。(67b)也是如此。其动词为实现体。这些例句说明使用句尾"在咯"的句子不一定能产生进行体意义。因此我们认为将句尾"在咯"看作进行体标记并不合适。

上述讨论说明句尾"在咯"不是一个语气词,也不是进行体标记。句尾"在咯"与动词前"在咯"之间不仅在句法分布上不同,所产生的语义解释也不一致。基于以上这些讨论,我们重新回到我们已经提出来的假设:在"哒"与句尾"在咯"合用的句子中,"哒"用来表示进行体意义。然而,自然的问题是,句尾"在咯"的作用是什么?换句话说,"哒"和句尾"在咯"表示什么意义?在提出我们的回答之前,我们接下来分析句尾"在咯"的语义。我们将提出,句尾"在咯"与现在时意义密切相关。

三 句尾"在咯"以及现在时语义

这一节里,我们提出,句尾"在咯"具有将句子进行时制锚定的作用(本节我们主要讨论句尾"在咯"。除非特别说明,本节里我们所提到的"在咯"都处于句尾位置)。具体说,我们认为"在咯"用来表示所描写的情状或事件与说话时间同时发生。

(68) a. 我看哒电视。我看了电视
　　　b. 我看哒电视在咯。我在看电视

比较(68a)和(68b),我们看到"在咯"使句子产生动作正在进行的意义。具体说,动作或状态在说话时刻正在进行或持续。事件时间和话语时间同时发生:我看电视的时间与说话的时间相同。(68a)与(68b)之间的最小比对说明,"在咯"能影响句子的时间意义(下一节里我们讨论这一章的主要对象,"哒")。

"在咯"与放置类动词合用的情形也能支持我们认为其主要功能是表示句子时间意义的说法。见(69)。

(69) a. 墙上挂哒画。

b. 墙上挂哒画（在咯）。

由于"在咯"在（69b）里可以删除，因此，"哒"可以理解为完成体标记，表示动作已经结束，而持续体意义则是动作发生后人们进行语义推导而来：当你把画挂在墙上后，画就留在那儿。在（69b）里，"在咯"可以出现，说话者将重点放在目前的状态：画在墙上。我们可以想象这样一个情景来区分这两个句子的含义：例如，如果张三叫李四挂一幅画到墙上，如果墙上已经有一幅画在那儿，李四会说（69b）而不是（69a）。这种情况下，李四的意思是墙上有一幅画，这正如你能看到的那样。因此说这句话时，李四的目的是将情状的时间（墙上有幅画）和话语时间联系起来。（69a）则相反，没有这样的意义。

另外，我们还说明，"在咯"不与表示将来时或过去事件的时间成分兼容。

(70) a. *他刚才看哒电视在咯。
　　 b. *明天咯个时候，他看哒电视在咯。

上述表示"在咯"用来给事件进行时制定位，被"在咯"修饰的句子表示现在时。Sybesma（2004）[①] 提出，普通话和粤语中都有语法意义上的时制意义，只是没有显性的成分表示出来。Sybesma 观察到粤语中，lei^4 与过去时事件兼容，而 ge^3 则表示非过去时。他提出 lei^4 和 ge^3 都是标句词 C 范畴中用来表示时间意义的算子。（71）—（72）选自 Sybesma（2004）。

(71) a. go^2-di^1-syu^1, aa^3-$ji^6 suk^1$ wui^5 luk^6 $zuk^6 gei^3 faan^3$ lei^4（ge^3）.
　　　　that CL book, 2s uncle will continue send-back come GE
　　WITHOUT GE^3：' as to those books, Second Uncle will continue to

---

[①] Sybesma Rint, "Exploring Cantonese Tense", In *Linguistics in The Netherlands*, edited by Leonie Cornipw qne Jenny Doetjes, Amsterdam: John Benjamins, 2004, 169-180.

send them to us.'

WITH GE³: 'as to those books, Second Uncle will continue to send them to us-for sure, don't worry about it.'

  b. keoi⁵ sik¹ Dak¹man² (ge³)
   3s know German GE

WITHOUT GE³: 'S/he knows German.'

WITH GE³: 'don't worry, s/he knows German.'

(72) soeng⁶ go³-laai⁵ baai⁵, keoi⁵hou² mong⁴ (lei⁴).
  last week 3s very busy LEI

WTIHOUT LEI⁴: 'last week s/he was very busy.'

WITH LEI⁴: 'she was very busy, last week, you know (no longer is).'

  在 Sybesma 的基础上，我们认为长沙方言也是如此。具体来说，我们认为"在咯"是长沙方言里标句词 C 范畴中的一个表示时间意义的成分，它与粤语中 *ge³* 的作用相似：用来约束 T 里的变量，给 T 定值为现在时。

  为了进一步支持我们关于"在咯"用作现在时算子的说法，我们提供关于另一个类似虚词的用法分析："去（念 kʰə⁴⁵）来"。

  "去来"只能用在句尾。传统上认为它是一个经历体标记（Zhou 1998①）或完成体标记（Wu1999②）。Zhou 认为，"'去来'表示动作时间和话语时间之间的时间差"。(73a)——(73b)选自 Zhou（1998：11）。

(73) a. 张三看咯本书去来。张三看了本书
  b. 张三去学校去来。张三去学校了（现在已经回来）

  与 Zhou 的看法不同，Wu（1999）认为，"去来"是现在完成体标记，表示动作已经在过去完成，但是还与说话时间有联系。"……表示事

---

① Zhou, Minglang, "Tense/Aspect Markers in Mandarin and Xiang Dialects, and Their Contact", Sino-Platonic Papers number 83, 1998.

② Wu Yunji, *The Development of Aspectual Systems in the Chinese-Xiang Dialects*, Paris, CRLAO, 1999.

件已经发生在所指时间之前，与说话时间有关"（P.9）。见（74）。

(74) a. 很长时间冇看见你哒，你到哪里去哒啦？很长时间没看见你了，你到哪里去了啦

　　　b. 我去上海去来。我去上海了（现在已经回来）

我们认为，"去来"不宜看作现在完成体或经历体标记，而是一个过去时标记。"去来"的主要作用是将事件时间排列在说话时间之前。

我们的第一个证据是，"去来"与现在时没有关系，它只是用来表示动作在过去发生〔见（74a）—（75b）〕，这一点与"哒"的用法不同。为了更好地说明"去来"用来锚定事件时间，我们可以比较"去来"与"哒"用作完成体的用法。

(75) a. 张三来去来。张三来过
　　　b. 张三来哒。张三来了

在（75a）里，使用"去来"。句子表示张三说话前在这，但是，他现在已经离开。另外，在（75b）里，使用了"哒"，句子表示张三已经来了，他还在这里。通过比较，我们发现"去来"与完成体没有关系。"去来"与过去时密切相关也可以从（76）里看出来。

(76) a. 张三病去来。张三病过
　　　b. 张三病咖哒。张三病了

例句（76）表示张三说话前生病了，但是，说话时为止已经康复。而在（76b）里，使用了"咖哒"句子表示张三已经生病。如果没有更多的语境，句子可以表示他生病了，还没有康复；也可以表示他已经康复了。值得说明的是，（76b）的语义歧义并不在（76a）里出现。

我们的第二个证据与"去来"主要强调动作反生的时间有关。它不关注事件的时间结构。

(77) a. 那盘饺子哪个吃去来？那盘饺子谁吃过
　　　b. 那盘饺子哪个吃咖哒？那盘饺子谁吃了

　　表面上看，例句（77）里两个句子都可以表示"谁吃了饺子"，但是，两个句子的含义稍微不同。说（77a）时，说话人强调的是动作在说话前发生：谁吃了饺子？说这句话时，盘子里可能还剩下了一些饺子。说（77b）时，说话人强调的是，吃饺子这个事件已经完成。说这句话时，盘子里已经没有剩下任何饺子了。换句话说，"去来"关注的是动作在时间轴上的位置，而"哒"关注的焦点在于将事件当作一个整体看待（包括事件终结点）。例句（78）也能帮助我们说明这个观点。

(78) a. 那件衣服我们洗去来（洗不干净）。那件衣服我们洗了（洗不干净）
　　　b. 那件衣服我洗咖哒，（*洗不干净）

　　句子（78a）使用了"去来"，句子主要表示发生了"洗衣服"这个事件，说话者所要表达的意思是，发生了洗衣服的事件，这个事件发生在话语之前。"去来"只是表示动作在过去发生，并没有任何暗含动作已经完成的意义。因此它可以与一个用来否定动作结果的句子合用。在（78b）里，说话者表示他实施了洗衣服的动作，强调动作已经发生并且完成，将事件当作一个整体看待：衣服洗完了（也洗干净了），因此后面不能接一个否定动作完成的成分。
　　最后，我们观察到，"去来"常常用来表示某人在近时内做过某事。

(79) a. 哪个坐哒我的椅子？谁坐过我的椅子？
　　　b. 我坐去来。　　我坐过
(80) a. 你何解冇洗衣服啦？你为什么没洗衣服
　　　b. 不得空嘞，我上街去来。没有空，我（刚才）上街去了
(81) a：孩子哭得咯样伤心，你打他去来吧？孩子哭得这样伤心，你打了他吧
　　　b：我打他去来？不可能咯。我打了他？不可能

例句（79）—（81）里，"去来"用来表示过去时，句子描述一个过去的事件，它与表征事件的方式没有关系。

上述事实表示，我们最好将句尾"在咯"和"去来"看作两个表示时制意义的成分。"去来"表示事件在说话前发生。我们假设（不作详细的讨论）它是位于 C 范畴里的一个成分。

总之，我们提出句尾"在咯"和"去来"是两个表示时间意义的成分。就像我们上面已经介绍的粤语中的时间成分一样：它们占据 C 范畴里的一个位置，在这个位置上它们给句子时制节点上的中心语赋值。前者表示现在时意义，后者表示过去时意义。这两个成分的时间特征表示为（82）。

(82) a. 在咯 [-past]
     b. 去来 [past]

我们已经介绍了"在咯"的语义解释与现在时之间的关系之后，我们重新回到我们在第三章第六节第一小节所提出的问题：句尾"在咯"对于"哒"用作进行体标记有什么意义？接下来的分析里，我们提出，句尾"在咯"是允准"哒"用作进行体标记的机制之一。

第七节　区分哒_{完成}和哒_{进行}

在上述讨论中，我们已经指出，句尾"在咯"不是一个进行体标记，而是一个现在时意义的算子。这一节里，我们将指出句尾"在咯"能帮助我们将"哒_{完成}"和"哒_{进行}"区分开来。

一　事件论元的允准，"哒_{完成}"和"哒_{进行}"

我们已经说明在某些特殊的句子里，"哒"可以表示进行体意义。这些语境包括：句尾"在咯"、方式、地点等副词、否定式、进行体标记等。我们将提出，所有这些语境可以用 Tsai (2008)[1] 所提出的事件论元

---

[1] Tsai wei-Tien Dylan, "Tense Anchoring in Chinese", *Lingua*, Vol. 118, No. 5, 2008.

的允准方法来解释。我们已经在第一章里已经介绍了 Tsai（2008）的核心思想。这一节里，我们继续介绍 Tsai（2008）的相关论述，并且说明其方法可以帮助我们区分"哒_完成"和"哒_进行"。这个方法的核心观点是，所有的事件论元必须被允准。"哒_完成"所在的句法位置使其能独立使用，而这对于"哒_进行"而言则不行。因此，当使用"哒_进行"时，句子往往需要外来的成分，以使句子成为合法的结构。接下来我们首先介绍 Tsai 的方法，然后，我们回到"哒_进行"。最后，我们将说明用"事件论元的允准"来替代"时制锚定"这一说法更合适。一个事件论元被允准的方式不只局限于时制锚定，其他的方式也可以用来实现事件论元允准。因此这就是为什么本节标题使用"事件论元允准"而不是"时制锚定"。

二 普通话时制定位

Tsai（2008）提出"事件论元允准"这一说法第一个理由是基于对（83a）—（83b）的观察。Tsai 观察到即使这两个句子的论元结构完整，并且也使用了体标记，这两个句子听起来依然不完整，这就是人们所说的句子不完整性（Incompleteness）。

（83） a. %[1]阿 Q 拿了书。
b. %阿 Q 跑着。

Tsai 的第二个理由是基于理论上的考虑，即每一个事件论元必须被时制算子或其他算子约束。这意味着语义上的时制或事件论元所产生的变量必须被约束，或者说是在句法形态上被拼读出来。Tsai（2008）提出，例句（83a）—（83b）听起来不完整，主要原因是句子无法实现时制锚定。要使一个语义意义上的时制在句法上实现表征，就是使事件论元能被拼读出来，英语有时制语素来实现时制锚定。但是，普通话时制特征很"弱"，没有显性表征。不能拼读事件论元。因此，我们需要额外的成分来使事件论元得到拼读（Tsai，2008：681）。

Tsai 指出这些额外的成分可以分为两种类型：一种是各种不同的方法

---

[1] % 表示句子听起来不完整。

来通过时制节点；另一种方式与时制锚定没有直接的关系。

例如，在 Tsai（2008）所采用的句法树型图里（见 84），在轻动词以下位置有两个体投射语。根据 Tsai（2008）的说法，视点体成分占据上层体投射语，能与时制合并，以通过时制锚定的方式来实现事件变量就像在英语中被拼读出来。但是位于轻动词以下位置的体无法上移到时制节点位置，以使时制特征能像英语时制特征一样足够"强"，因而也就无法使事件论元得到允准。

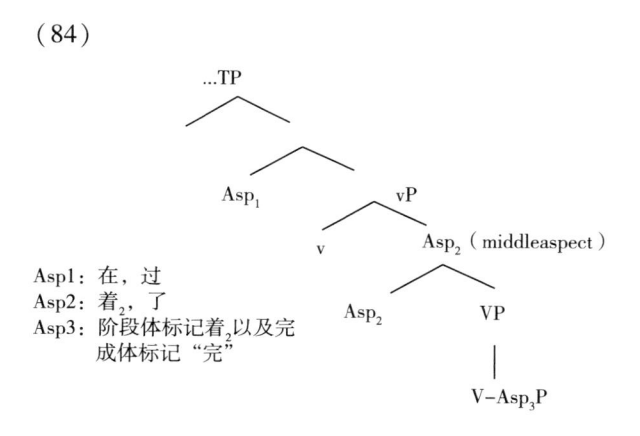

（84）

```
              ...TP
              /   \
           Asp₁   vP
                 /  \
                v    Asp₂（middleaspect）
                     /   \
                   Asp₂    VP
                            |
                          V-Asp₃P
```

Asp1：在，过
Asp2：着₂，了
Asp3：阶段体标记着₂以及完成体标记"完"

Tsai 认为，在普通话里，"在"和"过"外部体位置，位置较高，而"了"和"着"位于较低位置。这就是为什么（83a）—（83b）与"了"和"着"合用时，都会造成不合语法或"不完整"现象，而在（85a）里与"过"，或者（85b）里与"在"合用时则不会。

（85）a. 阿 Q 拿过书。
　　　b. 阿 Q 在哭。

并且，Tsai 认为，如果时制算子不能实现对事件变量的约束，那么其他算子也能拼读或约束事件变量（普通话使用各种事件构成的方式）。这些方式与时制没有直接的关系（对于 Tsai 而言是这样，但是我们不这么看）。因此，这就是为什么 Tsai 提出更具抽象意义的"广义锚定原则"。这样的例子包括：i) 句尾"了"；ii) 否定算子；iii) 事件修饰语。这些都是允准事件变量的方法。详细介绍如下。

Tsai（2008：685）认为，句尾"了"在普通话里是一个表示状态变化的算子。因此在含有句尾"了"的句子里，事件变量能得到约束。(86) 选自 Tsai（2008：685）。

(86) a. %阿 Q 拿了书。
b. 阿 Q 拿了书了。

例句（85a）听起来"不完整"，而在（85b）里，句子使用了句尾"了"，句子中的"不完整"性被消除。Tsai（2008：685）认为，这是因为句尾"了"能用来约束事件变量的缘故。我们要说明的是，表示事件状态变化的算子可以用来拼读或者说约束事件变量这一现象，也能从时制锚定的角度来说明。我们在第一章已经介绍了 Sybesma（2004）[①] 关于普通话时制特征的论述。其中，Sybesma 指出，普通话时制中心语是一个时制意义的变量，这个变量能被各种类型的成分约束。例如，句尾"了"可以用来给时制中心语赋值。从这个意义上说，句尾"了"实际上与时制的关系更密切，而不是 Tsai（2008）所说的没有关系。

Tsai 同时也提出，否定算子与义务情态算子一样也能帮助事件论元得到约束。见（87）。

(87) a. %阿 Q 拿书。
b. 阿 Q 应该/没有拿书。

在例句（87b）中，句子使用了否定标记"没"或义务情态标记"应该"，句子中的不完整性被消除。值得说明的是，Tsai（2008）认为，例句（86）里所使用的义务情态标记和否定标记属于同一类型。我们在此省略相关的讨论。

Tsai 认为，事件修饰语对事件变量进行约束的解释十分直观：当一个

[①] Sybesma Rint, "Exploring Cantonese Tense", In *Linguistics in The Netherlands*, edited by Leonie Cornipw qne Jenny Doetjes, Amsterdam: John Benjamins, 2004, 169-180.

事件被修饰,那么其事件变量必须受到拼读。例如,当一个句子被量词修饰时,事件论元在句法上就会可见或者说得到拼读。

(88) 阿 Q 一直跑着。

根据 Tsai(2008),副词"一直"修饰事件论元。通过这个副词的修饰,事件论元所产生的变量得到约束。用 Tsai 的话来说,"当一个事件论元被修饰或被述谓的话,那么它必须在句法上可见。"(Tsai,2008:682)。比较见(89a)和(89b)。

(89) a. ?张三唱着歌。
　　　b. 张三大声地唱着歌。

例句(89a)听起来"不完整";但是,在(89b)里,句子使用了方式副词"大声地",句子的不完整性被消除。显然方式副词能用来拼读句子的事件变量。这是可以理解的:根据 Carlson(1977)[1],方式副词都是谓词,其作用是对事件进行述谓。由于"一个事件论元被修饰或被述谓,那么它在句法上一定可见"(Tsai,2008:682)。这就是为什么方式副词能用来约束事件论元。

三　回到长沙方言

这一节里,我们将主要借助 Tsai(2008)的方法来为"哒"的多功能用法做出解释。但是我们并不接受其所有的分析。我们的基本观点是:事件论元必须被拼读。而拼读的方式有多种:可以是通过强化时制特征,也可以是其他的方式来使其在句法上可见。

在 Tsai(2008)[2] 关于时制锚定的基础上,我们认为"哒$_{完成}$"和"哒$_{进行}$"可以用广义上的锚定原则来解释。我们已经介绍了长沙方言体貌结构,重复于(89)。我们也已经指出,我们这里所采用的结构主要立足

---

[1] Carlson Greg, 1977, Reference to Kinds in English, Ph. D. Dissertation. University of California, Dissertation Abstracts International Vol. 38, No. 6: 3442A.

[2] Tsai wei-Tien Dylan, "Tense Anchoring in Chinese", *Lingua*, Vol. 118, No. 5, 2008.

于 Tsai（2008）以及 Sybesma（2017）[①]。不过，我们用内部体来代替 Tsai（2008）所提出的中间体，"哒$_{进行}$"位于这个位置。Asp#P 相当于动相补语"完"所处的位置。

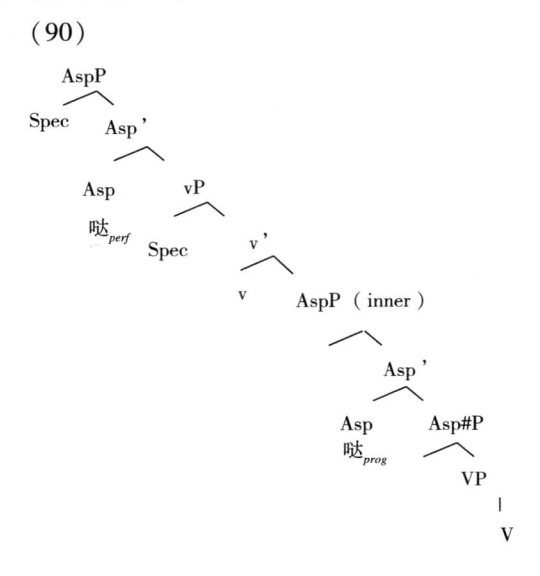

(90)
```
        AspP
       /    \
     Spec   Asp'
           /    \
         Asp     vP
         哒ₚₑᵣf  /  \
              Spec  v'
                   / \
                  v   AspP (inner)
                        |
                       Asp'
                      /    \
                    Asp    Asp#P
                   哒ₚᵣₒg   / \
                          VP
                          |
                          V
```

值得说明的是，Tsai（2008）提出，普通话"了"处于内部体位置。我们假设长沙方言完成体标记"哒"位于外部体位置，见（90）。主要的理由是，"哒"不会出现"了"产生"不完整"意义的现象。比较（91a）与（91b）。例句（91a）听起来很好，但是（91b）前的疑问号表示该句子听起来不够完整。

(91) a. 张三吃哒饭。（长沙方言）
　　 b. ？张三吃了饭。（普通话）

简而言之，根据以上考虑，我们认为"哒$_{完成}$"所处的位置使得它具有强化时制特征的作用，能拼读事件论元。而这对于"哒$_{进行}$"则不可能

[①] Sybesma Rint, "Aspect, Inner." ed. Rint Sybesma, Wolfgang Behr, Yueguo Gu, Zev Handel, C.‐T. James Huang and James Myers（eds）., Encyclopedia of Chinese language and linguistics, Leiden：Brill, Vol I, 2017, 186-193.

发生，因为后者位于句法上比较低位置，具体说低于轻动词的位置。因此，句子往往需要其他成分来实现时制锚定。这与之前我们关于"哒_{进行}"的用法的分析吻合。我们在这里重新观察这些情景。不过这一次，我们从 Tsai 所说的时制锚定的角度来考察。

我们观察到，活动体动词所描述的事件里，"哒"可以与句尾"在咯"合用，句子产生进行体意义。我们这里不重复所有的事实（例如，"哒"用作完成体情形，回见例句（64）—（64）中，"在咯"可以删略，并且在产生进行体意义的句子中产生不同的意义。例句（92）里句子产生进行体意义。

（92） a. 他看哒电视在咯。_{他在看电视}
b. 他洗哒衣服在咯。_{他正在洗衣服}
c. 他们家起哒房子在咯。_{他们家正在建房子}

句尾"在咯"相对于"哒"用作进行体标记时有什么作用？根据我们关于句尾的考察以及 Tsai（2008）的观点，我们认为句尾"在咯"是一个现在时意义算子，其主要作用与普通话里句尾"了"和"来着"，以及粤语 lei^4 和 ge^3 能对时制节点赋值一样，使句子时制中心语具有强特征，以拼读事件论元，因而"哒_{进行}"位于句法较低位置的事实已经不再是一个问题。通过这个范式，使用"哒_{进行}"而获得进行体意义的句子由此合法。

如果到目前为止我们的分析正确的话，时制锚定的方法可以延伸到事件修饰语的情形。我们已经指出，被方式副词修饰的句子中，"哒"可以产生两种语义解读：动作已经完成或正在进行。

（93） a. 他敲哒门。_{他敲了门}
b. 他轻轻地敲哒门。_{他轻轻地敲了/着门}
（94） a. 他洗哒衣服。_{他洗了衣服}
b. 他很不情愿地洗哒衣服。_{他很不情愿地洗了/着衣服}

根据时制锚定的原则，（93）—（94）里所出现的语义歧义可以得到解释。根据 Tsai（2008）的思想，方式副词可以使事件论元得以拼读。这两种语义自然也就得到解释："哒"用作完成体标记，方式副词修饰整个句子的时候，句子获得事件已经完成的意义解读。"哒"用作进行体标记，副词修饰动作发生的过程时，句子产生进行体意义。

四 "哒"与进行体标记

在第二章第一节第二小节里，我们已经说明"哒"能与进行体标记合用，句子表示动作正在持续进行。在传统的分析里，"哒"被看作一个进行体标记，但是没有提供任何解释。而我们指出这并不能说明为什么"哒"可以用作进行体标记，"哒"也可以用作完成体标记。这一节里，我们指出，"哒"能与进行体标记合用的事实与事件论元的允准有关。

(95) 他在咯看哒电视。他在看着电视

例句（95）里，"在咯"表示为进行体形式。"哒"可以出现，但是不一定与其合用。根据传统的方法，我们不清楚为什么这两个体标记词可以合用。传统方法同样没有提供解释。而根据我们现在的方法，这个现象可以得到很好的解释。"在"位于外部体位置，它能与时制特征合用来实现事件论元的允准（Tsai，2008）。我们假设长沙方言的情形也是如此。长沙方言中进行体标记"在咯"可以帮助句子实现事件论元的允准。在事件论元获得允准的前提下，"哒"可以用来表示持续进行的意义。

五 "哒"与否定式结构

我们已经说明，"哒"可以出现在否定形式的结构里，并且句子只能产生进行体意义（见96），例句（96）是（25）的重复。

(96) a. 他冇看哒电视。他没在看电视
b. 他看哒电视。他看了电视

"哒"在（96a）里可以表示产生进行体意义，而在（96b）里，句子没有使用否定副词，句子不能产生进行体意义。显然，如果将"哒"一

律看作一个完成体标记，那么（96a）所产生的语义歧义无法得到解释。现在由于我们区分了"哒$_{完成}$"和"哒$_{进行}$"，（96a）里所出现的意义可以得到解释：在（96a）里，"哒"是一个进行体标记。否定副词"冇"是"没（有）"的变体形式，因此能允准事件论元。

总之，上述讨论中，我们首先指出，最好采用区分两个虚词的方法来解释"哒"的多功能性特征，这种两个标记词的方法能够避免采用一个标记词的方法所面临的许多弊端。然后我们提供了证据说明我们的语言中的确存在两个"哒"：一个用作完成体标记；另一个用作进行体标记，这两种作用共享同一个语音形式。在说明有两个不同作用的体标记之后，我们进一步提供数据分析说明如何区分这两个功能不同但形式一致的标记词。我们认为这两个标记的差异在于二者的句法分布不同。具体说，我们认为，"哒$_{完成}$"位于轻动词短语上层，外部体位置，而"哒$_{进行}$"位于轻动词下层。由于句法过程中，"哒$_{完成}$"能够上移并与时制特征合并，以强化时制特征，并最终约束事件变量，因此它能独立将事件表示为完成体形式。而"哒$_{进行}$"则由于不能上移（位于功能语轻动词下层的成分不能上移），因此我们使用"哒$_{进行}$"时，我们往往还要借助其他的成分来约束事件变量，否则会造成不完句现象。

第八节　小结

在这一章里，我们分析了"哒"的语义解释和句法分布特征。我们首先尝试提出只有一个体标记词的方法。即我们假设"哒"是一个完成体标记，而持续体用法是语境作用的缘故。但是很快，我们发现这个方法不合情理。主要原因是我们无法解释为什么"哒"有时候在同一个语境中可以产生两种不同的语义解释。

然后，我们提出一个新的方法：我们认为有两个体标记词："哒$_{完成}$"和"哒$_{进行}$"。其中前者表示动作已经完成或被截止，后者表示动作正在进行。我们主要提供了三个证据：i) 当事件被动词性副词修饰时，"哒"能产生两种语义解释；ii) 否定式结构里，句子只能表示进行体意义；iii)"哒"与句尾"在咯"同时出现在活动体动作所表示的事件里时，句子只能表示动作正在进行。

我们接着提出如何区分"哒$_{完成}$"和"哒$_{进行}$"。我们提出，这二者之间的差异在于，句法上"哒$_{完成}$"高于"哒$_{进行}$"。"哒$_{完成}$"是外部体中的一个成员，高于轻动词短语位置，而"哒$_{进行}$"则属于内部体成员，低于轻动词短语位置。在 Tsai（2008）基础上，我们同样提出两个这样的假设：i）事件变量需要在句法上得到允准；ii）句法意义上的时制锚定过程是事件变量获得允准的过程之一：英语有一个时制形态标记，可以用来允准事件变量。这一点上来说，英语句子中的事件变量的允准过程是默认的，而普通话时制特征中心语为零形式。为了成为一个合法的允准语，零形式的时制语素需要与显性的形态合并。

根据上述这两个假设，我们提出，"哒$_{完成}$"位于外部体位置。由于外部体可以上升到时制语位置，以允准事件变量。这可以解释为什么"哒$_{完成}$"能独立用作完成体标记，而"哒$_{进行}$"则不行。根据 Tsai（2008）的说法，"哒$_{进行}$"低于轻动词位置。由于它不能与时制语合并，因此事件论元无法得到约束。这可以解释为什么"哒$_{进行}$"需要外来成分来获得允准。

为了进一步支持我们关于长沙方言里两个"哒"的方法，第四章我们将更详细介绍普通话"了"和"着"以及溆浦话里"到"的用法。我们指出，"哒$_{完成}$"和"哒$_{进行}$"相当于普通话中的"了"和"着"，以及溆浦方言中的"到$_{完成}$"和"到$_{进行}$"。但是，在此之前，我们先分析长沙方言里另一个标记词的用法："咖"。"咖"常与"哒"合并使用。以往文献里"咖"被认为是一个完成体标记，本书提出这种看法值得商榷。

第三章 动词+"咖"

第一节 引言

在第二章里，我们已经介绍了长沙方言"哒"的用法。我们指出，"哒"具有多功能性特点：它在一些语境里可以用作一个完成体标记，而在另外一些语境里可以用作一个进行体标记，还指出这两种意义的区分主要依靠其句法位置。

这一章里，我们继续介绍另一个体标记词的用法"咖"[①]。"咖"能够与"哒"合用，有些情形里也可以单独出现，还有一些情形里，"咖"甚至可以和"哒"交替使用。具体例句见（1）。

(1) a. 我买咖菜就回去哒。我买了菜就回去了

　　b. 咯只路径我跟他讲咖几次，他不听。这件事我跟她讲了几次，他不听

　　c. 我今天上午洗咖四件衣服。我今天上午洗了四件衣服

我们在本章的最后一节来讨论这些句子中"咖"的用法（"咖"表面看似一个完成体标记的用法）。在这一章的其余部分，我们主要关注"咖"不用作完成体标记的情形。例如，"咖"和完成体标记"哒"合用。

我们分别从三个语境来分析"咖"的用法。首先，"咖"的使用具有强制性，省略"咖"会导致句子不合法或者引起句法语义解释的差异。

---

① 在附录1里我们提供更多长沙方言中使用"咖"的事实。

例如，在"把"字句以及由达成体动词或状态变化的动词所描写的句子里，"咖"都具有强制性。不使用"咖"，句子不合法，见（2）。

（2）a. 那条狗死＊哒/＊咖/咖哒。那条狗死了
　　　b. 我把衣服洗干净＊哒/＊咖/咖哒。我把衣服洗干净了
　　　c. 树叶子黄＊哒/＊咖/咖哒。树叶子黄了

其次，也有这样的情形，其中"咖"具有可选性。使用"咖"与否，不会改变句子的合法性和句子的语义解释，具体例句见（3）。

（3）a. 张三看（咖）哒三本书。张三看完了三本书
　　　b. 张三洗咖哒三件衣服。张三洗完了三件衣服
　　　c. 我打扫咖哒咯两个房子。我打扫了这两个房子

最后，我们指出还有这样的情形，例如［V+光杆名词/有定名词宾语］。在这些结构中如果使用"咖"，句子只会产生一种语义解释，而如果不使用"咖"，则会产生两种语义解释，具体见（4）。

（4）a. 张三洗哒衣服。(i) 张三洗完了衣服，或，(ii) 张三洗了衣服，没有洗完
　　　b. 张三洗咖哒衣服。张三洗完了衣服

这些观察十分重要。因为，首先，现有文献将"咖"看作一个完成体标记（李荣明，1991[1]；伍云姬，1994[2]，Wu，1999[3]；卢小群，2007等）。但是这种看法其实不合理，（2）—（4）的事实已经说明"咖"的用法比人们想象的更加复杂。

其次，在其他方言中，"咖"似乎没有对应的用法，普通话里也没有

---

[1] 李荣明：《长沙方言》，湖南出版社1991年版。
[2] 伍云姬：《长沙方言的动态助词》，《方言》1994年第3期。
[3] Wu Yunji, *The Development of Aspectual Systems in the Chinese-Xiang Dialects*, Paris, CRLAO，1999.

这样对应的成分。在达成体动词表示的句子里,在"把"字句以及状态变化动词所描写的句子中都没有这样的成分。

基于以上这些考虑,我们在这一章里提出两个问题:
1) 如何解释"咖"的语义功能和句法分布?
2) 如何解释湘方言和其他普通话方言之间的差异?

正如前面已经说过,现有文献将"咖"和"哒"都看作完成体标记(伍云姬,1994;Wu,1999;卢小群,2007[①] 等),认为,两者之间的差异在于语义解释以及他们所依附的动词性质不同。人们认为,"咖"前面的动词一般是表示"消除""消失""消耗"等意,而"哒"前面的动词则没有这些限制,"哒"用在事件性动词后面。"咖"总是用来表示动作已经完成,而"哒"除了能表示动作已经完成之外,还能用来表示动作已经截止(我们在第二章已经详细介绍)。

不过,仔细观察表明"咖"的语义解释和句法分布远比现有文献所介绍的要复杂。与现有文献的看法不同,本书认为不宜将"咖"看作完成体标记。本书认为,语义上,"咖"用来双重表示一个事件的终结点。其作用是用来使事件的终结点具体化、明确化(definitive),并阻止其所在句子中的终结点谓词进行进一步的句法操作,例如不能表示为进行体。

这一章的结构安排如下:第二节,介绍"咖"出现的语境以及其所在句子所产生的语义解释。我们将其语境分为三种类型:第一种类型中,"咖"具有强制性;第二种类型中,"咖"具有可选性,但是使用"咖"与否,会影响句子的语义解释;第三种类型中,使用"咖"与否不会影响句子的语义解释。第三节里,我们介绍现有文献中两种分析"咖"的方法,其中一种认为,"咖"是一个完成体标记;另一个方法认为,"咖"是一个扩展型事件界限标记。第四节里,我们对现有文献进行评论,并提供新的事实说明现有方法无法为之提供解释。第五节,我们重新分析"咖"的语义解释,并指出"咖"总是出现在一个终结点性质或可能为终结点性的事件中。也就是说,在有一些情形里,事件的终结点可能是暗示性的,但是句子一旦使用"咖",事件的终结点则被明确,且不能被剥离或取消。第六节里,我们提出新的方法来解释"咖"的句法特征。第七

[①] 卢小群:《湘语语法研究》,中央民族大学出版社 2007 年版。

节，我们说明新的方法可以用来解释这一章开始所观察到的事实。第八节解释"咖"独自出现在完成体意义的句子中的作用。第九节是小结部分。

第二节 基本事实

这一节，我们将详细地描写"咖"的句法分布和语义功能。我们从"咖"的强制性语境开始。我们先说明在有些语境中，"咖"具有强制性，删除"咖"会使句子不合法。这些语境包括"把"字句、达成体动词句以及状态变化句。这些事件或结构都内含一个固有的终结点，但是"咖"却必须出现。

然后，我们介绍"咖"具有可选性的两种语境。其中一种语境中，"咖"使用与否不会引起语义差异，这些语境包括动结结构、数量宾语句以及带有时间持续的名词或频率副词的句子；而另一种语境中"咖"的使用与否会引起语义解释的差异，这些语境包括宾语是光杆名词宾语和定指名词宾语等。

在介绍相关事实时，我们也会涉及完成体标记"哒"。方便起见，描述过程中，我们一律使用"哒$_{完成体}$"。

一 "咖"与强制性语境

与达成体动词、"把"字句和状态变化谓词连用时，"咖"具有强制性。在这三种语境里，"咖"必须出现。删除"咖"使得句子不合语法。为了比较，我们在分析过程中会指出，同样的情形下，普通话则不需要类似的成分。

（一）"咖"与达成体动词

除了少数几个例外之外，达成体动词总是和"咖"一起出现在完成体事件中。换句话说，用"哒"将事件表示为完成体时，句子总是使用"咖"。具体例句见（5）

(5) a. 他们早就到咖哒／？哒，你还在咯里憨。他们早就到了，你还在那里磨蹭

b. 车子翻咖哒／？哒。车子翻了

c. 张三赢咖哒／？哒。张三赢了

d. 不好意思，我忘记咖哒／？哒。不好意思，我忘了

动词"到""翻""赢""忘记"都是达成体动词，例（5）里的句子表明，这些事件的完成体形式除了使用"哒$_{完成体}$"以外，还必须使用"咖"，否则句子听起来不自然。

只有少数情况下，"咖"可以选择性地使用而不影响句子的合法性。这主要包括"来"和"走"这两个表示往来意义的动词。但是使用"咖"与否，会引起句子的语用意义稍微不同。

（6）a. 张三来哒。张三来了

b. 张三来咖哒。张三来了

c. *张三来咖。

（7）a. 张三来哒，又走咖哒。张三来了，又走了

b. *张三来咖哒，又走咖哒。

句子（6a）和（7a）中没有使用"咖"，而句子（6b）和（7b）中使用"咖"。我们可以看出，不使用"咖"只使用"哒$_{完成体}$"时，句子强调动作的实现（张三来了），说明动作已经发生；而如果使用"咖"，句子强调动作的结果：张三已经来了，他已经在这。前一句只强调动作的发生，而后一句强调主语状态的转变。因此我们可以给不含"咖"的句子添加一个表示后续离开动作的句子，见（7a）。而如果句子使用"咖"就不能再增加这样一个表示后续离开意义的句子，见（7b）。比较而言，使用"咖"句子听起来更加自然（6b）。不过这种情形只出现在"来"和"去"这样的动词后面。在其他达成体动词所描写的事件中都必须使用"咖"，否则句子不合语法。

接下来，我们观察到达成体所表示的句子可以镶嵌在情态动词所表示的句子里时，"咖"也具有强制性。

（8）a. 那只鸟看样子会死咖。那只鸟看样子会死

b. ?那只鸟看样子会死

(9) a. 你再玩的话，会输咖。你再玩的话，会输
　　b. ?你再玩的话，会输。

(10) a. 不呷哒，不呷哒，再呷的话，就会醉咖去。不喝了，不喝了，再喝的话，就会醉
　　b. 不呷哒，不呷哒，再呷的话，就会醉。

在（8）—（10）里句子使用了情态动词"会"，以及达成体动词"死""输"和"醉"。句子表示一种可能的结果要发生。有意思的是，这三个句子都要求使用"咖"。例如，（8a）中用了"咖"，表示那只鸟会死。如果句子不使用"咖"，句子的可接受性差，听起来不太自然，我们用疑问号表示。不使用"咖"，句子所表示的可能性相对要小，而使用"咖"则说话人的语气相对要强。例如，（8b）里，句子只是说那只鸟有可能会死，而（8a）则表示那只鸟肯定会死。同样的解释适用于（10），使用"咖"，句子不是一定会醉，而不用则只表示一种倾向，使用"咖"句子表示语气的结果肯定会发生。句子使用"咖"会听起来更加自然，否则句子听起来有点怪，不完整，不自然。值得说明的是，这些句子并非出现在完成体里。这些句子中都不能使用"哒"，例如我们不能说（11）。

(11) a. *那只鸟会死咖哒。
　　b. *你再玩的话，会输咖哒。
　　c. *不呷哒，不呷哒，再呷的话，就会醉咖哒

简而言之，达成体所表示的句子中"咖"具有强制性。接下来，我们说明，与状态变化动词连用时，"咖"也具有强制性。

(二)"咖"与表示状态变化的动词

普通话里形容词作谓语时，"了"可以出现在句尾，句子表示状态变化已经发生，见（12）。

(12) a. 花红了。
　　b. 张三瘦了。
　　c. 天冷了，及时添加衣服。

d. 这东西坏了，不能用了。

与普通话不同，长沙方言里，相同情况下，句子表示状态变化时总是使用"咖哒"连用形式。无论"咖"或"哒"都不能单独出现。见（13）—（14）。

(13) a. 花红咖哒。花红了
b. *花红咖。
c. *花红哒。
(14) a. 张三瘦咖哒。张三瘦了
b. *张三瘦咖。
c. *张三瘦哒。

例句（13）—（14）说明长沙方言里达成体动词表达的事件被表示为完成体时，总是要使用一个以上的标记词，句子才能成句。而相同情形下，普通话则只需要一个完成体标记"了"。长沙方言和普通话比较而言，似乎在状态变化动词所表示的句子里，"咖"和"哒"所表示的意义在普通话里由"了"来表示。在以后的分析中我们会回到这一点继续观察。

（三）"咖"与"把"字句

"把"子句里"咖"具有强制性。我们在第一章里已经介绍了"把"字句。现在我们只简单介绍一下"咖"在"把"字句里的用法。正如我们在第一章所看到的一样，"把"字句里，直接宾语出现在"把"字后面，动词的前面［见（15b）］。句子的语序为 SOV。而普通句子的基本语序是 SVO。许多非"把"字句都可以形成对应的"把"字句，语义上不会有差异。二者之间的差异在于信息结构不同。（16）—（17）可以说明这一点。

(15) a.［S+V+O］
b.［S+BA+O+V］
(16) a. 我洗了衣服

　　　　b. 我把衣服洗咖哒/＊咖/＊哒。我把衣服洗完了
(17) a. 我喝了水。
　　　b. 我把水喝了。

　　在（16b）—（17b）里，［把+NP］中的"衣服"和"水"分别是动词"洗"和"喝"的逻辑宾语。与（16a）—（17a）不同的是，它们出现在动词前面，而不是动词后面。"咖哒"合用形式才可以接受。"咖哒"合用表示事件已经完成或结束，"哒"不能单独出现，这是一个很奇怪的现象。到目前为止我们并不知道"咖"为什么要出现在这里，也不了解这种合用形式在句子中发挥何种作用。

　　"把"字句在普通话研究中一直受到广泛关注。"把"字句的基本意义是"处置"，即某人对某人做了某事。有关具体的讨论我们留待第三章第五节第二小节。我们这里主要关注长沙方言里"咖"用在"把"字句里的情形。正如上述所见，普通话里"把"字句能用在完成体句子里，使用完成体标记"了"。但是，这在长沙方言中则不行。长沙方言中，将一个"把"字句表示为完成体意义，我们必须使用"咖"，"咖"在"把"字句里具有强制性。

　　达成体动词和状态变化动词句的完成体的情形与"把"字句情形一致，"咖"具有强制性。这种用法与非"把"字句一致。我们比较（18）—（19）里的（a）句和（b）句。

(18) a. 我洗（咖）哒衣服。我洗了衣服
　　　　不用"咖"：我洗了衣服，但不一定洗完了。
　　　　用"咖"：我洗了衣服，洗完了。
　　　b. 我把衣服洗｛咖哒/＊咖/＊哒｝
(19) a. 我看（咖）哒那本书。我看了那本书
　　　　不用"咖"：我看了那本书，但不一定看完了。
　　　　用"咖"：我看了那本书，看完了。
　　　b. 我把那本书看｛咖哒/＊咖/＊哒｝。我把那本书看完了

　　句子（18a）—（19a）里，"咖"具有可选性。使用或删除"咖"

不会影响句子的语法性质。但是使用"咖",句子能产生事件完成的语义解读,而不使用"咖"句子可以表示动作已经截止或动作已经完成的语义解释(我们在后面会详细分析光杆名词的情形)。在(18b)—(19b)里,"咖"具有强制性,句子表示事件已经完成。更多例句见(20)—(21)。

(20) a. 他关(咖)哒电视。他关了电视
   不用咖:他关了电视(可能关上了也可能没有关上),
   用咖:他关了电视(关上了)
   b. 他把电视关{咖哒/*咖/*哒}

(21) a. 他杀(咖)哒那两个人。他杀掉了那两个人
   不用咖:他杀了那两个人(可能死了,也可能没有死),
   用咖:他杀了那两个人(已经死了)
   b. 他把那两个人杀{咖哒/*咖/*哒}。(已经死了)

上述句子表明,长沙方言"把"字句里,"咖"具有强制性,在非"把"字句里具有可选性。而同样情形中,普通话无须使用其他成分(例如"掉""光"等),句子意思不变。

上述句子描写的都是完成体的形式,因此句子都使用了完成体标记"哒"。值得说明的是,在非完成体句子中"咖"依然具有强制性。这也就是说,"咖"的使用与完成体之间没有太大的关系。具体见(22)。

(22) a. 他一进门,就把鞋子脱咖。他一进门,就把鞋子脱掉
   b. 晚上,你把门关咖。晚上,你把门关好
   c. 我就喜欢把那些零碎物品哈收咖。我就喜欢把那些零碎物品都收起来

句子(22a)描写的是一个日常的情景,而(22b)则是一个祈使句。两种情形中,"咖"都不可省略。

总的来说,上述我们已经介绍了"咖"具有强制性的几种语境。首先,在达成体动词、表示状态变化动词和"把"字句结构里(事实上相

当于实现体动词表示的句子），"咖"具有强制性。省略"咖"，会造成句子不合语法。其次，在其他情形里（非"把"字句），句子的语义解释根据是否使用"咖"而发生变化。使用"咖"，句子能获得明确的语义解释，不使用"咖"，句子会产生两种可能的解释，要么表示动作已经被截止，要么表示事件完成。而如果使用"咖"，句子则只有一种语义解释：事件已经完成或者已经实现了终结点。我们在第三章第二节第三小节会更加详细介绍这些情形。

这些用来说明"咖"具有强制性的语境对我们而言十分重要，因为这些语境可以帮助我们来分析"咖"的功能。但是具体分析之前我们介绍另一种语境，其中"咖"具有可选性。使用"咖"与否不会影响句子的合法性或语义解释。这些语境分别是：动结结构，［动+数量+宾语］，以及［动词+持续/频率副词+宾语］。为了比较，讨论过程中我们也会涉及普通话情形。

二 选择性"咖"

（一）"咖" 与 ［动+结果补语］

一个动结结构包括两个谓词，第二个谓词表示第一个动作发生的结果。我们在第一章已经介绍过这些结构，方便起见，（23）用来说明普通话动结结构。

(23) a. 我写完了作业。
b. 张三哭红了眼睛。

在（23）里，"完"和"红"表示动作"写"和"哭"发生的结果，"了"是完成体标记。在长沙方言里同样的句子中，使用"哒"而不是"了"，句子获得事件完成的语义解读。但是，有意思的是"咖"也可以出现在句子中，见（24）。

(24) a. 我写完咖哒作业。我写完了作业
b. 张三哭红咖哒眼睛。张三哭红了眼睛

尽管使用"咖",句子听起来更加自然,并且句子的意义也会根据是否使用"咖"而发生改变,在(24a)—(24b)里,"咖"可以出现也可以不出现。用了"咖",状态变化的意义更加突出、更加明确。更多例句见(25)。

(25) a. 昨晚上,我被雷声吓醒(咖)哒。昨晚上,我被雷声吓醒了
b. 质量提高(咖)哒。质量提高了
c. 张三被凳子碰倒(咖)哒。张三被凳子碰倒了
d. 咯些事情我哈忘记(咖)哒。这些事情我都忘记了
e. 我的书何什不看见(咖)哒。我的书为什么不见了
f. 期末成绩就出来(咖)哒。期末成绩就出来

例句(25)中,我们可以看到,句子含有一个表示动作结果的终结点,"咖"依然可以出现。值得说明的是,尽管"咖"在这些句子只是具有可选性,但是用了"咖",句子更加自然。

(二)"咖"与[V+数量宾语]

"咖"在[V+数量宾语]和[V+持续性/频率性副词+宾语]句里也具有可选性。

(26) 张三看(咖)哒三本书。张三看了三本书
(27) 张三游(咖)哒三个小时泳。张三游了三个小时泳
(28) 张三看(咖)哒三个小时书。张三看了三个小时书
(29) 张三看(咖)哒三个小时咯部电影。张三看了三个小时这部电影
(30) 张三看(咖)哒三次咯部电影。张三看了三次这部电影。

在(26)里,句子的宾语是一个数量宾语(我们在第二章已经介绍这类宾语),在(27)—(29)里,句子使用了表示动作持续的时间名词"三个小时",在(30)里,句子使用了表示频率的副词"三次"。所有这些句子中,使用或删除"咖",都不会引起语义解释的差异。

三 省略/插入"咖"会引起语义差异

我们在讨论"把"字句时,我们看到非"把"字句结构语义会产生

歧义，而如果使用了"咖"，句子的歧义会消失。接下来，我们讨论"咖"用于光杆名词宾语句以及有定宾语名词句中的语义解释。

（一）"咖"与［V+光杆名词宾语］

在［V+光杆名词宾语］句子中，使用"咖"会导致句子语义解释的差异。

(31) a. 张三游哒泳哒。张三游了泳了
b. 张三游咖哒泳。张三游完了泳
c. 张三游哒泳。张三游了泳

(32) a. 我跑咖步哒。我跑了步了
b. 我跑咖哒步。我跑完了步
c. 我跑哒步。我跑了步

(33) a. 张三洗哒衣服哒。张三洗了衣服了
b. 张三洗咖衣服哒。张三洗完了衣服
c. 张三洗哒衣服。张三洗了衣服

正如我们已经在前面介绍的那样，使用光杆名词做宾语的句子中，不使用"咖"，会产生两种语义解释：事件已经完成或已经截止。在这些句子中当我们讨论事件完成已经完成时，我们涉及的是一个设定的距离，或者一个指定的范围，例如说话人心里清楚要游多少距离，有多少衣服要洗。关键是，用了"咖"，这些句子只有一个语义解释：事件被表示为只有一个终结点；不用"咖"，句子有两种语义解释。

（二）"咖" + ［V+定指名词宾语］

使用"咖"能影响句子的语义解释这种情形也出现在［V+定指名词宾语］所表示的实现体句子里。值得说明的是，这里所说的有定名词宾语指的是带有指示语修饰的名词。

(34) a. 张三看哒那本书。（看完了，也可能没有看完）
b. 张三看咖哒那本书。（看完了）

在（34a）里，宾语名词中含有一个指示语，使用了"哒"，句子产

生两种语义解释。但是，如果使用"咖"，则只有一种语义解释（34b），更多例句见（35）。

(35) a. 张三杀哒那个人。(可能杀死了，也可能没有杀死)
  b. 张三杀咖哒那个人。(杀死了)

值得说明的是，这样的实现体动词可以嵌入在情态动词后面。

(36) 张三想看咖那本书。张三想看完那本书
(37) 张三想杀咖那个人。张三想杀掉那个人

句子（36）—（37）中含有一个情态动词，"咖"能用在带有指示语修饰的宾语名词句子中。这些句子有一个终结点语义解释。例如，在（36）里用"咖"，句子表示的是主语想要读完整本书；在（37）里，句子用"咖"，表示主语想要杀死那个人。更多例句见（38）—（39）。

(38) 张三可以看咖那本书。张三可以看完那本书
(39) 张三可以杀咖那个人。张三可以杀掉那个人

上述句中分别使用了情态动词"可以"和"想"。句子产生终结点语义解释。

四 小结

上述我们已经介绍了三种语境说明"咖"可以出现。在第一种语境中，"咖"具有强制性，删除"咖"句子不合语法。这些语境包括达成体动词、"把"字句以及状态变化句子。在第二种语境中，我们指出带有结果补语的实现体事件，以及那些带有数量宾语或表示事件持续的名词或频率副词的句子中，"咖"具有可选性，删除"咖"不会改变语法性，也不会引起句子语义差异。第三种语境中，"咖"同样具有选择性。但是使用"咖"，句子只有一种语义解释，不使用"咖"，则会产生两种语义解释。这些语境包括那些含有光杆名词宾语或带有指示语的名词宾语。方便起

见，"咖"的句法分布和语义解释总结为（40）。

（40）（i）"咖"具有强制性
　　　　与达成体动词、"把"字句，状态变化动词
　　　　　a. VP+＊（咖）（不合法）
　　　　　b. VP+咖（合法）
　　（ii）"咖"具有可选性，但是不影响句子的语义解释
　　　　A. 与数量宾语连用
　　　　　a. VP+哒（完成）
　　　　　b. VP+咖哒（完成）
　　　　B. 与结果补语连用
　　　　　a. 不用咖（完成）
　　　　　b. 用咖（完成）
　　（iii）"咖"具有可选性，并且句子语义发生变化
　　　　A. 与光杆名词宾语连用
　　　　　a. 不用咖（完成或截止）
　　　　　b. 用咖（完成）
　　　　B. 与有定名词宾语连用
　　　　　a. 不用咖（完成或截止）
　　　　　b. 用咖（完成）

正如（40）所示，使用"咖"的句子一律表示事件已经完成，而不使用"咖"，句子可以表示动作已经截止，也可以表示事件已经完成。

这一章的目的是回答这样两个问题：如何解释"咖"的语义功能？如何解释"咖"的句法分布？在回答这两个问题之前，我们先介绍现有文献中两种分析"咖"的方法。

第三节　现有文献介绍

前面已经提到，传统文献里人们大多将"咖"看作一个完成体标记。直到最近，人们注意到，我们需要对"咖"的用法进行重新思考。这一

节，我们首先介绍现有两种相关分析，然后提出事实说明这两种方法的不足之处。

一 "咖"是一个完成体标记

在现有湘方言的语法著作中，人们普遍认为，"咖"是一个完成体标记。例如，李荣明，1991：549)[1] 认为"咖"相当于普通话完成体标记"了"。Zhou（1998）[2] 持相同观点，认为湘语完成体标记为"咖"，后者表示动作已经完成。其他学者如伍云姬（1991，1994）、Wu（1999）、卢小群（2007）等持相同观点。伍云姬（1991，1994）以及 Wu（1999）对湘方言体系统进行了详细的分析。当涉及"咖"的用法时，她指出，"咖"是一个完成体标记，用来表示可能的结果或者是动作已经完成（主要指用在［V+咖+数量宾语+语气词］以及［V1+ASP+数量宾语+V2］结构）（1999：55）。Wu（1999）认为，［V+咖+数量宾语+语气词］是用来指那些带有数量宾语的实现体事件。但是她没有具体解释什么是可能的结果。我们这里理解其所指为包括动结结构在内的终结点事件。例句（41）—（42）选自 Wu（1999：56）[3]。

（41） a. 肯定会跑咖。肯定会跑掉

     b. 张三还舍不得丢咖。张三还舍不得丢掉

（42） a. 今天上午，我买咖书就回去哒。我买了书就回去了

     b. 我闹咖好多笑话。我出了好多笑话

Wu 还指出，"咖"与"哒"不同，"咖"用在表示"消失"，"破坏"或"消耗"等意义的动词后面，而且要求宾语带有一个数量语。

（43） a. 张三买咖三本书。张三买了三本书

     b. *张三买咖书。

---

[1] 李荣明：《长沙方言》，湖南出版社 1991 年版。

[2] Zhou, Minglang, "Tense/Aspect Markers in Mandarin and Xiang Dialects, and Their Contact", Sino-Platonic Papers number 83, 1998.

[3] 原例句为英文，本书将其翻译成中文形式。

例句（43a）合法，而（43b）不合法。根据 Wu 的说法，（43b）不合法是因为句子中的宾语不含有数量成分，我们很快回来对此进行讨论。

二 "咖"与事件界限标记

沈家煊（1995）① 观察到，数量成分能影响句子的合法性［同时参见陆俭明（1986）②］。例如，以下（a）句不合法；而如果句子中使用了数量语，那么句子变得合法［见（b）句］（沈家煊 1995：371）。

(44) a. *盛碗里鱼。
　　　b. 盛碗里两条鱼。
(45) a. *送学校油画。
　　　b. 送学校一幅油画。
(46) a. *吃了苹果。
　　　b. 吃了一个苹果。

这些句子都是普通话，但是与我们的分析密切相关的是，句子中所涉及的有界性特征影响句子的合法性。为了解释这些现象，沈家煊认为我们应该区分人们认知中的有界和无界现象。句子的宾语可以用来表示空间概念的有界和无界。事件也一样，所谓事件的有界性指的是时间结构。例如，"一把椅子"本身是有界的，而其他物体例如"水"则没有这些特征。同样，一个事件发生在一定时间里。一个带有起点和终点的事件是有界的，而没有终点的事件则是无界的。例如，"我跑步去学校"是有界的，而"我很想念我的家人"则是无界的。

这种人类认知上的有界和无界之分也体现在语法结构上（沈家煊，1995：356③）。例如带有数词、定冠词的名词或专有名词是有界的，否则就是无界的。一个有界的事件能与有界的宾语兼容。根据沈家煊的分析，集合名词和光杆名词都是无界的。含有一个内在终结点的事件是有界的，不含有内在终结点的事件是无界的。

---

① 沈家煊：《"有界"与"无界"》，《中国语文》1995 年第 6 期。
② 陆俭明：《"着"（Zhe）字补议》，《中国语文》1999 年第 5 期。
③ 沈家煊：《"有界"与"无界"》，《中国语文》1995 年第 6 期。

而且，事物的有界性和与时间的有界性是相对应的（沈家煊，1995：373）。一个有界的实体与有界事件兼容，否则相反。根据沈家煊的分析，动词可以分为简单动词和事件性动词。例如，"洗""读""看"等都属于简单动词；而［动作+结果补语］，［动作+方向］等则是事件性谓词。

沈家煊（1995）认为，（44）—（46）里［数词+量词］对句子语法结构的影响是人类认知在语法结构上的体现。根据其分析，（44a）—（46a）里的不合法性可以这样解释：在这些句子中，宾语的有界性与事件性谓词不兼容。这种不兼容性导致了不合法。值得说明的是，在他的分析中，［动词+结果补语］，［补语+趋向动词］以及［动词+了］都是事件性谓词，本身具有有界特征（沈家煊，1995：371）。

在以上关于事件有界性分析的基础上，作者（2010b）认为，"咖"应该看作一个事件界限标记。"咖"不应该是一个完成体标记。"咖"与事件界限有关。

(47) a. 张三看哒书。张三看了书
b. 张三看咖哒书。张三看完了书
c. 张三看咖哒三本书。张三看了三本书

句子（47a）里的事件是无界的，句子可以理解为动作已经截止，而在（47b）里，用了"咖"，事件为有界，句子可以理解为事件已经完成。在（47c）里，宾语含有一个数量成分，事件是有界的。"咖"依然可以使用。"咖"的作用相当于宾语中的数量成分，两者都能使一个无界的事件变成一个有界的事件。从这个角度上来说，"咖"可以看作一个事件界限的标记。但是，与沈家煊（1995）有一点不同，作者（2010b）所说的事件界限不局限于事件的时间结构，而且还涉及那些用来明确事件发生发展程度的成分。根据这个分析，动量词以及持续义副词都可以看作用来明确事件界限的成分。具体例句见（48）—（49）。

(48) a. 张三打咖李四一拳。张三打了李四一拳
b. *张三打咖李四。
c. 张三打哒李四。

(49) a. 张三跑咖三个小时步。张三跑了三个小时步
  b. *张三跑咖步。
  c. 张三跑哒步。张三跑了步

  在（48a）里，动词"打"是一个活动体动词，句子含有一个动量词"一拳"。但是，如果我们删除动量词，句子变得不合法。同样，如果我们删除（49）里持续义副词"三个小时"，句子不合法。根据这些观察，作者提出，"咖"与动量词以及持续性副词等表示事件发展程度意义有关。"咖"实际上可以看作一个事件界限标记。这就是为什么它不能用作完成体标记，而只有"哒"才可以。动量词"一拳"，以及持续副词"3个小时"用来明确事件的界限，"咖"只是用来拼读这些界限。所有这些情形可以用广义上的事件界限统一起来。

三 小结

  以上我们介绍了两种用来解释"咖"的方法。一种方法认为，"咖"是完成体标记，表示动作已经完成。另一种方法认为，"咖"是一个事件界限标记，表示事件已经实现了事件界限，后者包括事件的时间段或发展程度。但是更仔细地观察表明，这些分析也不是没有问题。我们依然有许多事实在上述方法中无法得到解释。接下来的分析中，我们对这些方法进行评论，并且指出我们需要对"咖"的用法进行重新思考。

第四节 文献评论

  正如之前提到的那样，长期以来，"咖"被当作一个完成体标记。直到最近，人们注意到，我们需要重新审视"咖"的用法。这一节我们主要介绍以往的两种方法，并指出现有方法所无法解释的一些事实。

一 "咖"不是一个完成体标记

  现有湘方言的语法著作中，人们往往认为"咖"是一个完成体标记，其用法与另一个完成体标记"哒"接近（伍云姬，1991，1994；Wu，1999；李荣明，1991等）。传统文献主要提出三个证据来说明"咖"的用

法。首先，人们认为，与完成体标记"哒"一样，"咖"能用来表示动作已经完成。见（50）。

(50) a. 张三吃咖苹果哒。张三吃了苹果了
b. 我洗咖衣服哒。我洗了衣服了

其次，人们认为"咖"能与"哒"互相替换而不改变句子的语义解释（本书中我们会指出这种观察是错误的）。

最后，根据传统的分析，人们认为"咖"和"哒"的差异在于它们所依附的动词，后者的语义有所不同（伍云姬，1991，1994；Wu，1999；李荣明，1991；卢小群，2007 等）。具体来说，"咖"只与表示"消失""破坏""删除"等消极意义的动词连用，并且宾语必须受到动作的影响。相反，"哒"倾向于与表示"获得""得到"等意义的动词连用。(51) 选自伍云姬（1991）。

(51) 张三买咖三公斤苹果。张三买了三公斤苹果

在（51）里，"咖"用作完成体标记，句子表示张三完成了买苹果的动作。在这个句子中，动词与消费义相关。这就是为什么"咖"可以使用（伍云姬，1999）。

但是，将"咖"所依附的动词归纳为消失或消费等并不完全正确。首先，我们来看（51）。句子（51）里，"咖"和"哒"可以互相替换。无论使用"咖"或"哒"句子都可以接受。而且句子意义没有什么差异。另外，我们很难将"买"和消极语义特征联系起来。同样的道理，我们也很难将（52）里的动词"起$_建$"与消极意义联系起来。

(52) 他屋里起咖/哒一栋房子。他屋里建了一栋房子

句子（52）里，"咖"在动词"起（建立）"没有"消失""破坏"等意义。相反，句子表示新事物的出现。更多例句见（53），这些句子都使用了"咖"，但是其中的动词与"消失"或"破坏"等意义都没有什

么关系。

(53) a. 他看咖好店铺，最后才确定租下这家的。他看了好多店铺，最后才确定租下这家的。
  b. 他一共写咖 10 部小说，都比较有名。他一共写了10部小说，都比较有名
  c. 细伢子生出来咖哒就要人带嘞。细伢子生出来了就要人带嘞
  d. 他买咖一件衣服。他买了一件衣服
  e. 他为哒崽伢子玩电脑的路径，想咖好多办法。他为了儿子玩电脑的事，想了好多办法。

因此如果我们坚持认为"咖"的用法与动词的语义特点有关，我们将无法解释上述句子所涉及的情形。事实上我们观察到，"咖"的用法与动词的语义没有直接的关系。其他更多例句见（54）。

(54) a. 她这个月胖咖两斤。她这个月胖了两斤
  b. 她今天上午走咖 10 公里。她今天上午走了10公里
  c. 今年的收入比去年翻咖 2 倍。今年的收入比去年翻了2倍

值得说明的是，传统上认为使用"咖"的句子能产生动作已经完成这一说法在一定意义上是正确的，但是，我们并不能由此断定，"咖"能表示动作已经完成的意义。具体的分析我们留待本章第 6 节。不过目前，我们指出不应该将这一点作为支持"咖"为完成体标记的理由，见例句（55）。

(55) a. 张三吃哒/*咖苹果。张三吃了苹果
  b. 张三吃哒/*咖那只苹果。张三吃了那只苹果
  c. 张三吃咖那只苹果哒。张三吃了那只苹果了

例句（55a）—（55b）里用的是同一个动词。在（55a）里，宾语是一个光杆名词，而在（55b）里，宾语是有定名词。在这些句子里，"咖"不能出现。因此如果"咖"是完成体标记，我们无法解释为什么

（55a）—（55b）不合语法。Wu（1999）①指出，"咖"是一个完成体标记，表示动作已经完成，句子中必须是一个数量名短语。由于（55a）—（55b）中的宾语不是数量名短语，因此句子不合语法。但是这种解释却不一定正确。因为完成体标记只在动词层面发挥作用，不能在事件时间的结构层面起作用。Smith（1997）②指出，一般来说，任何事件性谓词都可以用完成体来表示。如果是那样的话，我们无法解释为什么"咖"只选择一个带数量语宾语的事件。

除此之外，如果"咖"被当作完成体标记，我们也很难解释句子（55c），其中句子宾语是一个限定性名词，"咖"可以接受。这表明宾语的语义不直接决定能否使用"咖"。我们已经观察到（55c）与（55a）的情形一样，不同的只是"哒"用在（55c）句尾，而（55a）则没有。

同样，句子（56）里只要有"才"修饰，句子才能合法，注意这些句子的宾语为光杆名词。

（56）＊a. 张三买咖苹果。张三买了苹果
　　　　b. 张三才买咖苹果。张三才买了苹果

"咖"在（56b）可以接受，但是在（56a）里不能接受。这两个句子唯一的差别在于后者使用了"才"。（56a）和（56b）的比较表示，"咖"不仅对句子宾语的性质敏感，而且也对句子其他成分敏感。比如，完成体标记"哒完成"和副词"才"。因此，相关的问题是，"哒"和副词"才"在允准"咖"方面有什么共同点？

最后，同样值得指出来的是，有些情形里，"咖"也不一定表示动作完成的意义。例如，

（57）这本书我看咖三个小时，还有看完。这本书我看了三个小时，还没有看完

---

① Wu Yunji, *The Development of Aspectual Systems in the Chinese - Xiang Dialects*, Paris, CRLAO, 1999.

② Smith Carlota S, The Parameter of Aspect, Dordrecht: Kluwer Academic Publishers, 1997.

在（57）中，"咖"并不表示动作已经完成，而是表示动作已经发展到一定阶段：我看这本书已经三个小时过去了。因此结合上述各种分析，我们认为将"咖"看作完成体标记需要进一步思考。

接下来的分析里，我们提出更多的观察说明"咖"不应该看作与"哒"一样的完成体标记。

首先，我们观察到"咖"的用法与谓词的特征有关。我们已经指出，"咖"不能独立出现在活动体动词所表示的句子里。

(58) a. *张三游咖泳。
b. 张三游哒泳。张三游了泳

动词"游泳"是一个活动体动词，(58a) 里，"咖"不能表示完成体，而"哒"可以。这是很奇怪的现象。因为如果我们将"咖"看作完成体标记，我们将无法解释为什么"咖"不能用在活动体里表示动作完成。同样的分析可以延伸到宾语为有定名词的句子里。我们在之前已经介绍此类现象，这里不再重复。

其次，无论将"咖"看作完成体标记还是事件界限标记的方法都不能解释长沙方言的一个突出特点。即达成体动词表示为完成体形式时，我们必须同时使用"咖哒"。无论"咖"或"哒"都不能独立成句。见(59)。

(59) a *张三到咖。
b *张三到哒。
c 张三到咖哒。张三到了

句子（59）表明，"咖哒"具有强制性。这同样是一个奇怪的现象。如果"咖"和"哒"都是完成体标记，我们无法解释为什么达成体事件里必须使用两个体标记，而在其他情形中则不需要。同时，我们也不清楚"咖"和"哒"各自在句子中发挥什么作用。

另一个相关的观察是，"咖哒"合用可以出现在状态性谓词里。见(60)。

(60) a. *天气冷咖。
　　 b. *天气冷哒。
　　 c. 天气冷咖哒。天气变冷了

例句（60a）—（60c）表示，"咖"和"哒"不独立出现在状态动词后面表示状态变化，但是二者连用的形式则可以。一般来说，完成体选择一个事件性谓词，只有事件性谓词才可以被表示为已经完成或者截止。非事件性谓词不能表示为完成体形式（Smith, 1997）。长沙方言也是如此。但有一点不同的是，"咖"和"哒"的合用形式可以出现在状态谓词后面。那么接下来的问题是：如何解释二者在这个句子中的作用？

第二个观察来自"把"字句。长沙方言里，"咖"和"哒"在"把"字句中的表现各不相同。

(61) a. 菜一买回来，我就把它们洗咖。菜一买回来，我就把它们洗了
　　 b. *菜一买回来，我就把它们洗哒。

在（61）里，句子描写的是一种习惯性的行为，"咖"可以接受，而"哒"则不行。另外，正如我们在第二章第二节里见到的一样，"把"字句必须使用"咖"和"哒"的合并形式才能将其表示为完成体形式。类似的例句见（62）。

(62) a. 我把衣服洗咖哒。我把衣服洗了
　　 b. 我把衣服洗*咖/*哒。

如果"咖"和"哒"都是完成体标记，我们不清楚为什么两者在"把"字句中的表现有如此大的差异，也不清楚为什么它们必须合并使用。

我们的第三个观察与否定式相关。在长沙方言里，否定标记"冇"相当于普通话"没+有"。"冇"能够与"咖"连用，但是不能与"哒"连用，具体例句见（63）和（64）。

(63) 张三冇看咖/＊哒三本书。张三没有看完三本书

(64) 张三冇洗咖/＊哒衣服。 张三没有洗完衣服

普通话里，"没+有"不能与完成体标记"了"连用。这是因为，"没+有"中的"有"是完成体标记，相当于"了"（Wang, 1965①）。一个句子中不能同时出现两个完成体标记。因此，"没有"不和"了"同时出现。我们认为这个现象在长沙方言中同样存在。不同的是，长沙方言的否定形式为"冇"。因此，如果"咖"和"哒"都是完成体标记，我们不知道为什么"哒"不能与否定标记"冇"连用，而"咖"则可以。可能的解释是，"咖"不是一个完成体标记，而"哒"则是。

最后，如果我们将"咖"和"哒"都看作完成体标记，我们很难解释二者在（65）和（66）里所产生的语义差异。

(65) a. 吃哒饭要慢些走，不要跑。吃了饭要慢些走，不要跑

　　 b. 吃＊咖饭要慢些走，不要跑。

(66) a. 学＊咖/哒木工就不要去广东打工。学了木工就不要去广东打工

　　 b. 学咖/＊哒木工就去学开车。学了木工就去学开车

"哒"在（65a）里，表示动作已经截止。句子暗示这样的意思：刚吃了饭就不要跑，因为对健康不好。"咖"不能出现在这个句子里。值得说明的是，有人认为"吃饭"表示一个终结点事件，因此当某人吃饱了饭，他自然就会停止吃饭的动作。也有人认为，吃饭是一个非终结点事件，动作可以一直进行下去。在本书里，我们假定"吃饭"是一个终结点事件。"咖"和"哒"之间的区别可以在例句（65）里得到进一步证明。其中，"哒"表示动作已经截止。"咖"不能出现。如果说话者意在强调两个动作之间的顺序，那么必须使用"咖"，"哒"受到排除。例句（66）也可以得到同样解释。"学习一门手艺"是一个实现体事件，"哒"可以出现在例句（66a）里，其主要作用是表示动作已经截止。但是同样

---

① Wáng William S. Y., "Two Aspect Markers in Chinese", *Language*, 1965, 457-470.

情形下，"咖"不能出现。

总之，上述事实说明"哒"可以用作一个完成体标记（达成体里，"哒"必须和"咖"同时出现），而"咖"则不行。因此，根据这些观察我们提出"咖"和"哒"应该区分开来。"咖"不能看作一个完成体标记。

二 "咖"不是一个事件界限标记

在作者（2010b[①]）里，根据"咖"的分布和语义解释特点，作者基于沈家煊（1995）[②] 的"事件界限"的概念，提出，"咖"不应该看作一个完成体标记，而应该看作一个事件界限标记。所谓的事件界限，作者指的是广义意义上的概念。事件界限既包括事件的内在时间特征，也包括外在的时间界限。长沙方言中，这些特征可以体现为由名词论元和谓词组合而成的事件终结点（Telicity）、完成体标记"哒"所表示的截止点/终结点、时间持续名词、动量词等所有那些能用来明确事件发展进程的成分都可以看作事件界限。从这个意义上来说，"咖"的作用是使得这些事件界限在语法上可见。

但是，采用事件界限这个说法还是遗留许多我们无法解释的问题。例如，我们不清楚"咖"和事件界限之间的关系，无法说明是否是"咖"允准了事件界限，还是事件界限允准了"咖"。因为很多情形里，似乎"咖"总是和所谓的事件界限同时出现，而在其他情形里，"咖"似乎给事件提供了一个事件界限的标记。我们已经介绍过一些相关例句，为方便起见，部分例句重复为（67）—（68）。

(67) a. 张三看咖三本书。张三看了三本书
　　　b. *张三看咖书。
　　　c. 张三看咖哒三本书。张三看了三本书
(68) a. 我跑哒步。我跑了步
　　　b. 我跑咖哒步。我跑完了步。

[①] 鲁曼：《长沙方言咖和哒的用法研究》，《中国语文》2010年第6期。
[②] 沈家煊：《"有界"与"无界"》，《中国语文》1995年第6期。

在（67a）里，事件具有一个内在终结点，"咖"可以使用。（67b）描写的是一个活动体，"咖"受排除。在同样的情形里，完成体标记"哒"可以出现，或者"咖哒"同时出现（67c）。我们不清楚"哒"和动词宾语在允准"咖"方面有什么共同特点。在（68a）里，句子中没有使用"咖"，句子表示动作已经被截止，而在（68b）里，句子中使用了"咖"，句子表示动作已经被完成。表面来看，似乎"咖"的作用是给句子添加一个终结点（接下来的分析将说明这种观察也不准确）。根据这些观察和考虑，我们认为很难断定"咖"就是一个完成体标记，也很难说明"咖"是一个事件界限标记。

最后值得指出来的是，上述分析也不能纳入更广泛意义上的体貌系统中来。具体细节我们在第三章第六节进行分析。

三 小结

在第四节里，我们回顾了传统文献关于"咖"和"哒"的分析。指出，传统文献中二者都被看作完成体标记。但是我们提供了更多事实说明"咖"不应该被看作一个完成体标记。因为这种分析无法解释为什么"咖"不能独立出现在活动体或达成体动词后面来表示完成体意义。相反，"哒"却可以。我们还指出，"咖"不能用作完成体标记与"咖"的语义选择无关。最后，我们认为将"咖"看作事件界限标记也不合适。基于上述这些分析，我们回到先前的问题上来：我们如何解释"咖"的用法以及其句法分布？我们能否统一解释"咖"的这些用法？在接下来的分析里，我们先对"咖"的语境进行详细的分析。

第五节 "咖"的语义解释："咖"用来标记终结点特征

这一节里，我们重新对"咖"的语义特征进行分析，然后对"咖"的用法进行解释。我们将提出，语义上，"咖"用来使一个可能为终结点的事件变为一个终结点事件，或者是用来将事件终结点具体化或明确化。句法上，"咖"可以看作一个"封印"的标记，其作用是使得事件终结点在进一步的句法操作中不可及。换句话说，"咖"的作用是用来阻止事件进行进一步的句法操作，例如，带有"咖"的事件不能被表示为进行体。

我们的分析将以第一章所介绍的内部体理论为基本框架。我们先审视"咖"在强制性语境中的用法。

一 "咖"与达成体动词

在第二节第一小节里，我们已经说明"咖"在达成体动词所描写的事件中具有强制性。完成体式达成体事件中如果不使用"咖"，句子不合语法。达成体动词表示一种瞬时的转变（Vendler, 1967[①]；Dowty, 1979[②]；Smith, 1997[③]；Rothstein, 2004[④]）。达成体动词词汇含有内在终结点意义。普通话里达成体动词完成体形式可以用"了"来表示，具体例句见（69）。

(69) a. 张三走了。
b. 杯子破了。
c. 车子翻了。
d. 我们赢了这场比赛。
e. 那只狗死了。
f. 钱包掉了。
g. 他们到了山顶了。

例句（69a）—（69f）是普通话里达成体动词表示为完成的形式。然而，长沙方言里同样的情形下，则必须使用"咖……哒"的合用形式，删除"咖"，句子变得不合法。例句（69）里，普通话的表达形式可以写成长沙方言的表达形式，见（70）。

(70) a. 张三走咖哒／＊咖／＊哒。张三走了

[①] Vendler Zeno, "Verbs and Times", *Linguistics in Philosophy*, N. Y.: Cornell University Press, 1967.

[②] Dowty David, Word Meaning and Montague Grammar, Dordrecht: D. Reidel Publishing Company, 1979.

[③] Smith Carlota S, The Parameter of Aspect, Dordrecht: Kluwer Academic Publishers, 1997.

[④] Rothstein Susan, Structuring Event, Blackwell Publishing, 2004.

b. 杯子破咖哒/＊咖/＊哒。杯子破了
c. 车子翻咖哒/＊咖/＊哒。车子翻了
d. 这场比赛我们赢咖哒/＊咖/＊哒。这场比赛我们赢了
e. 那只狗死咖哒/＊咖/＊哒。那只狗死了
f. 钱包掉咖哒/＊咖/＊哒。钱包掉了

例句（70）说明，达成体动词所描写的事件中，"咖"具有强制性。我们必须使用"咖……哒"的合并形式；无论"咖"或"哒"的独立形式都不可接受。问题是："咖"在达成体里表示什么意义？为什么"哒"不能像其在其他事件里一样独立用作完成体标记？必须说明的是，达成体动词表示为完成体形式是完全可以的。并且我们已经指出，"哒"在长沙方言里是一个完成体标记。

达成体动词本身含有一个内在终结点［Vendler，1957（1967）[①]；Krifka，1998[②]；Rothstein，2004 等］，它用来表示一种即时的状态变化。考虑到"咖"在达成体动词完成体形式里必须出现，我们有两个选择来解释"咖"的用法。一方面，我们可以假设长沙方言里达成体动词的内在终结点意义只是一个蕴含的形式。而要说明达成体动词完成体形式的内在终结点意义，我们必须使用显性标记。从这一意义上说，"咖"的作用就是标记谓词的内在终结点。另一方面，我们也可以假设长沙方言和其他语言一样，达成体动词蕴含一个终结点。这是达成体动词的一个共性特征。长沙方言也不例外。根据这一假设，"咖"应该表示其他的意义。

在第一种情况下，也就是说我们假设长沙方言达成体动词与其他语言不同，其内在终结点只是一个蕴含的形式。如果是那样的话，我们应该将达成体动词用在进行体中。但事实并不是如此。例如，我们不能说（71）。

(71) a. ＊杯子正在咯破。

[①] Vendler Zeno, "Verbs and Times", *Linguistics in Philosophy*, N. Y: Cornell University Press, 1967.

[②] Krifka Manfred, The Origins of Telicity". In Susan Rothstein (ed.) (1998) *Events and Grammar*. Dordrecht: Kluwer, 197-235.

b. *张三正在咯来。

"破"和"来"都是达成体动词。如果我们假设它们的内在终结点可以被取消，那么（71a）和（71b）的不合语法性应该不会出现。并且如果说蕴含的终结点被取消，句子应该可以与进行体合用。但是事实上并非如此。(71a)和（71b）不合法，这说明长沙方言达成体动词的内在终结点不能被取消。我们也可以用否定形式来测试，见（72）。

(72) a. 张三来咖哒，*可是还有到。张三来了，*可是还没有到
b. 那栋房子垮咖哒，*可是冇垮下去。那栋房子垮了，*可是没有垮下去
c. 钱包掉咖哒，*可是冇掉下去。钱包掉了，*可是没有掉下去

在（72a）—（72c）中，否定式不可以与完成体形式合并。这表明达成体的终结点是其内在性质，而不只是一个蕴含的特征。

考虑到长沙方言里达成体动词的内在终结点不可能只是蕴含，换句话说，达成体事件的内在终结点，或者说表示变化的意义是内在的，是动词本身所具有的。我们只好考虑另一个选择。我们提出，长沙方言和其他语言不同的是，长沙方言里，除了终结点以外，我们还需要另一个成分。也就是说，内在终结点是双重性质的。"咖"正是这样一个成分。"咖"用来表示事件的终结点的的确确在这。"咖"就是一个事件终结点的标记。

我们的结论是，"咖"的出现是动词本身所要求的。不过严格来说，到目前为止，我们的讨论中"咖"总是和"哒"连用，因此，很有可能"哒"的某种属性要求达成体动词的完成体形式必须与"咖"连用。但是很快我们发现这不可能。因为我们上面已经说明，"哒"是一个完成体标记，就像普通话完成体标记"了"一样（不过普通话有些情况"了"不能独立成句，我们在后面会进行介绍），能独立使用表示事件已经完成（实现体里）或截止（活动体里）。我们再次比较（73a）句和（73b）句。

(73) a. 他吃哒三只苹果。他吃了三只苹果

b. 他吃了三只苹果

例句（73a）里的宾语为数量名短语，"哒"在句子中表示事件已经完成。（73b）是（73a）的普通话形式。两个句子的比较说明，当事件中含有一个终结点时，"哒"能独立用来表示事件已经完成，句子并不另外需要使用"咖"。回到我们上面的讨论中来。我们可以作出这样的结论：如果不是"哒"的使用要求出现"咖"的话，一定是达成体动词本身。

不过，人们也许怀疑，达成体动词究竟是否总是和"咖"一起出现？是否只要在一定条件下，"咖"才会出现。例如，使用"咖"是为了用来明确事件终结点，例如，"他明天就来了"。在这些情形中，"咖"才具有强制性。如果不是这样的话，例如在"他总是赢"这样的句子中，"咖"不会出现。具体例句见（74）。

(74) a. 他昨天赢＊（咖）哒。他昨天赢了
b. 他明天就到＊（咖）哒。他明天就到了
c. 每次都是张三赢＊（咖）哒。每次都是张三赢了
d. 他总是赢。

这些用法我们在第二节中也已经介绍，我们重复其中一个句子，以说明即使不是在完成体形式中，达成体动词也总是需要"咖"一起出现。

(75) a. 那只鸟看样子会死咖去。那只鸟看样子会死掉去
b. ?那只鸟看样子会死去。
(76) a. 你再喝的话，就会醉咖去。你再喝的话，就会醉
b. ?你再喝的话，就会醉去。

"咖"在（75a）—（76a）里，必须出现。句子表示一种将来可能发生的变化。句尾"去"表示动作发生的倾向或可能性。（75a）的意思是，那只鸟会死，（76a）表示主语会醉酒。如果不使用"咖"，句子勉强可以接受（疑问号表示）。我们也可以分辨两个句子之间的差异：用"咖"，说话者表示一种预测性的，或可能性的终结点的出现，而如果不使用

"咖",那么说话者只是表明一种假设的情形:如果主语喝得太多,就会醉(这是一般常识)。相反,如果使用"咖",说话者强调这样的事实:主语已经喝得太多,如果他/她再喝下去的话,他/她肯定会醉。

值得注意的是,普通话里同样的情形下,我们不需要额外的成分。例如,(75a)—(76a)在普通话里分别表示为(77)—(78)。

(77) 那只鸟看样子会死。
(78) 你再喝的话,就会醉。

总之,这一节里,我们分析了"咖"在达成体事件里的分布特点和语义解释。我们指出,"咖"在达成体事件里用来拼读达成体动词所具有的内在终结点。接下来我们继续提供分析说明"咖"与某些状态动词连用时,句子能产生一种状态变化的意义。

二 "咖"与状态变化动词

正如本章第二节所介绍的那样,表示为完成体的状态情状中,"咖"也总是和完成体标记"哒"一起出现。我们注意到,这些语境中,句子可以产生状态变化的意义。具体例句见(79)—(80)。

(79) a. *花红哒。
    b. 花红咖哒。花红了
(80) a. *他饿哒。
    b. 他饿咖哒。他饿了

句子(79a)—(80a)说明,"哒"不能独立用在一般状态动词后面。这种情形就像我们在达成体动词中看到的一样。

值得说明的是,"咖哒"在状态动词中的用法只适用于 Carlson (1977)[①] 所指的阶段体动词,个体性谓词后面不能这样使用。例如,我

[①] Carlson Greg, *Reference to Kinds in English*, Ph. D. Dissertation. University of California, Dissertation Abstracts International VOL. 38, 1977. NO. 6: 3442A.

们不能说（81）。

(81) *张三聪明咖哒。
（目的是想说，"张三变聪明了"）

更通俗地说，我们必须注意到，普通话状态动词（具体说状态变化）其实比其他语言中对应的成分其情态性特征要弱（我们接下来会详细讨论）。例如，普通话中的"红"与英语中的"red"相比，普通话中的"红"更像是表示"变红/较红"。这就是为什么这些动词能够与完成体动词连用（接下来会有更加详细的讨论）。正如我们上面所介绍的那样，普通话完成体式的状态动词也能产生状态变化意义。例如，（79）—（80）的普通话对应句为（82）—（83）。

(82) 花红了。
(83) 他饿了。

例句（82）—（83）说明，同样情形下，普通话句子中这些完成体式的句子只需要标记"了"就可以产生状态变化的意义。普通话完成体形式下的状态动词不需要额外的成分。

上述关于长沙方言和普通话状态动词在完成体式里的用法比较可以用构式（84）来表示。

(84) a. 状态动词+咖哒（状态变化）
    b. 状态动词+了（状态变化）

例句（84）说明在长沙方言和普通话里，部分状态性谓词在完成体形式里都可以产生状态变化意义。但是不同的是，"了"在普通话里似乎可以发挥长沙方言里"咖"和"哒"合并形式的作用。因此，长沙方言"咖"的作用如何解释？

在我们讨论两种语言的差别之前，我们先来了解如何解释状态动词的完成体形式能产生状态变化的意义这一事实。

状态变化意义由完成体和状态动词产生这个现象并不新鲜。Chung 和 Timberlake（1985：217）[①]、Comrie（1976：19）[②]、Moens 和 Steedman（1988）[③]、Jackendoff（1997）[④]、Pustejovesky（1995）[⑤]、Krifka（1998）、De Swart（1998）[⑥]、Flouraki（2006）[⑦] 等都有过这样的观察。许多语言例如希腊语、俄语、汤加语（Tangan）、普通话等语言中都有类似的现象。具体例句见（85）—（87）。

(85) Russian (cf. Lin 2004)
　　Imperfective　　　　　perfective
　　ponimat' 'understand'　ponjat　'come to understand'
　　verit'　　'believe'　　poverit'　'come to believe'
　　lubit'　　'love'　　　polubit'　'come to love'

(86) Modern Greek (cf. Flouraki 2006)
　a. O　Giannis　agapouse　　　　ti　Maria.
　　　The Giannis　loved. IMPERF. 3sg the　Maria
　　'The Giannis loved/used to love Maria'（basic meaning）
　b. O　Giannis　agapise　　　　ti　Maria.
　　　The Giannis　loved. PERF. 3sg　the　Maria
　　'The Giannis fell in love with Maria'（inchoative meaning）

(87) Tongan (cf. Koontz-Garboden 2007: 191)
　a. 'Oku loloa　ho　'ulu.

[①] Chung Sandra and Alan Timberlake, "Tense, Aspect, and Mood", in *Language Typology and Syntactic Desrition*, ed. Timothy Shoen, Volume 3. Cambridge, England: Cambridge University Press, 1985.

[②] Comrie Bernard, Aspect. Cambridge University Press, 1976.

[③] Moens Marc and Mark Steedman, "Temporal Ontology and Temporal Reference", Computational Linguistics, 1988, 15-28.

[④] Jackendoff Ray, "Parts and Boundaries", Cognition, 1991, 9-45.

[⑤] Pustejovsky James, The Generative Lexicon, Cambridge, Mass.: MIT Press, 1995.

[⑥] De Swart Hendriëtte, "Aspect Shift and Coercion", *Natural Language and Linguistic Theory*, Vol. 16 1998, 347-385.

[⑦] Flouraki Maria, Constraining Aspectual Composition, CSLI. Publications, 2006.

　　　　IMP long　　your　hair
　　　'Your hair is long.'
　　b. 'Oku loloa vave　　ho 'ulu.
　　　　IMP long　quickly　your hair
　　　'Your hair is quickly getting long.'

　　例句（85）—（87）表明，状态动词与非完成体形式连用，句子获得一般意义的关于状态描写的语义解释。但是当与完成体连用时，句子表示状态已经发生变化。（87a）里 *loloa* "长"用来描写一个状态，但是在（87b）里，句子表示状态发生变化：头发变长了。尽管都是用于非完成体形式，例句（87）所反映的事实与本书相关的是一个状态动词可以用来表示状态变化。

　　为了解释为什么完成体标记能使句子产生状态变化意义，Comrie（1976）提出：

　　There must be some sense in saying that since states are less likely to be described by perfective forms than are events (including entries into states), then there is some functional value in utilizing the perfective forms of stative verbs to denote the event of entry into the appropriate state, since otherwise there would be little use for the perfective forms of these verbs (Comrie, 1976: 19-20).

　　"由于状态动词不像其他事件性动词一样能出现在完成体形式里，因此应用完成体形式来使状态动词表示某种状态时，一定有某个功能性成分在（发挥作用）。因为，否则的话，完成体形式对这些动词没有任何含义。"（作者译）

　　在 Comrie（1976）[①] 的基础上，我们可以假设，这些所谓的状态动词其实根本就不表示状态，而是用来表示一个过程 X，也正是这个过程具有一个终结点，而不是一般意义上的状态动词。这就是为什么（78）—（79）可以产生状态变化的意义解读。这是有可能的。因为普通话形容词和动词没有形态差异，形容词在没有系动词的情况下可以用作谓词。长沙

---

① Comrie Bernard, *Aspect*. Cambridge University Press, 1976.

方言也一样。如果是那样的话,"咖"与状态动词连用的情形相当于其他我们已经讨论过的动词的情形(例如达成体动词,以及"把"字句)。这些情形都涉及事件终结点,"咖"在这些情形中的作用都是用来双重表达事件终结点意义"double the end"。

在我们结束这一节讨论前,我们还介绍其他一些关于普通话"了"与状态动词连用的分析。我们将介绍 Lin J.（2004）①,并且指出,Lin J. 的分析能帮助我们解释"咖"的用法。

普通话里,许多语言学家观察到"了"能与许多状态动词连用。例如,(87)—(88)里,"了"与状态动词连用,句子产生状态变化的意义。(81)—(82)重复于(87)—(88)。

（88）花红了。
（89）他饿了。

例句（88）—（89）表示,状态谓词"红"和"饿"可以出现在完成体形式里,并且句子产生状态变化意义。人们对此现象提出了很多不同的看法。表面看来,我们可以认为,状态变化意义来自"了"。例如,Chao（1968）② 提出,"了"表示前状态的改变（Chao,1968：699）。Li 和 Thompson（1981：188）③ 则认为,"了"表示一个有界情状。它与状态变化相关,也就是说,"了"将变化前状态和目前状态连为一起,将一个状态动词变为一个达成体动词。Smith（1997：286）认为,"了"把一个状态动词变为一个活动体动词。

Talmy（1988）④ 和 Smith（1997）分别提出,副词"差不多"／"几乎"出现在有界（内在终结点）的语境里。在上述两位学者的基础上,

---

① Lin, Jim, Event structure and the encoding of arguments: the syntax of the Mandarin and English verb phrase. PhD Thesis, 2004. Massachussetts Inst. of Technology, Cambridge.

② Chao YuenRen, *A Grammar of Spoken Chinese*. Berkeley: University of California Press. 1968.

③ Li Charles N. and Sandra A. *Thompson*, *Mandarin Chinese: A functional Reference Grammar*, University of California Press, 1981.

④ Talmy Leonard, "*The Relation of Grammar to Cognition*", *Topics in Cognitive Linguistics*, ed. by Brygida Rudzka-Ostyn, John Benjamins, Amsterdam, 1988, 165-205.

Chang（2003）① 则认为，体标记"了"出现在阶段性谓词后面时，能用来触发事件界限（也就是状态起始状况），以便"差不多"／"几乎"能进行修饰。

但是我们认为 Chang（2003）的问题在于，我们并不知道"被触发的界限"从何而来。我们也不清楚这是否是一个隐含在状态中的抽象的形式被完成体触发，还是说它本身就是结构意义的一部分，因而受到完成体形式的触发。

与 Chang（2003）相比，Lin J.（2004）将完成体和状态动词里被触发的界限联系起来。他认为目标结构中有一个隐性的表示变化意义的动词中心语 v_δ，这个中心语产生状态变化意义（Lin J., 2004: 86）。在这个功能语的作用下，完成体标记"了"与普通意义上的完成体标记没有太大的差异。也就是说，与其他完成体标记一样，"了"表示事件包含在话题时间之内。Lin J.（2004）提出用（89）来表示状态动词在完成体里所表示的时间结构。（90）选自 Lin J.（2004: 85）。

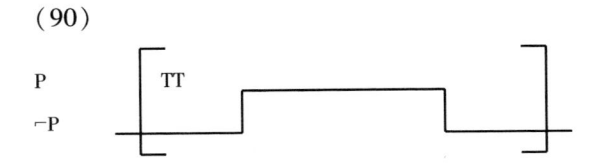

（90）

根据 Lin J.（2004），一旦一个状态被 v_δ 转变成另一个状态，完成体标记"了"行使语法体的功能：将事件时间完全包含在话题时间里。

从上面介绍来看，Lin J.（2004）认为，普通话状态动词用于完成体形式并产生状态变化的语义主要源于一个隐性的表示变化的中心语 v_δ。

我们赞同 Lin J. 的分析，并且进一步提出，事实上我们能够观察到这个隐性的表示变化意义的中心语可以表现为词汇形式"变"。

（91） a. 花红了。
　　　 b. 花变红了。

---

① Chang Junhsing, "Stative Eventualities and Aspectual Marker *le* in Chinese", *Taiwan Journal of Linguistic*, 2003, 97-110.

（92） a. 他瘦了。
　　　 b. 他变瘦了。

在（91）—（92）里，动词"变"加在句子中，没有引起语义的变化。这些句子表明状态情状在完成体形式中所产生的状态变化意义由一个动词产生是合理的。接下来的分析我们指出这种分析还可以得到词汇形态的支持。

到目前为止，我们的分析集中在不同语言中，完成体形式的状态动词的语义解释。这些语言的共同特点是状态变化意义只出现在完成体形式里，否则无法获得这种意义解释。但是，接下来，我们将看到在其他一些语言里表示状态变化或属性的形容词之间形态关系十分密切。具体例句如下。

（93）English（Knootz Garboden 2005：188①）
　　　 a. The knot is loose.　　（ADJECTIVE）
　　　 b. The knot is loosened.　　（NON-CAUSATIVE COS）
　　　 c. Alex loosened the knot.　　（CAUSATIVE COS）

（94）O'odham　（Hale and Keyser 1998：92）②
　　　 ADJECTIVE　NON-CAUSATIVE　　COS CAUSATIVE COS
　　　 a.（s-）weg I weg-i　　　weg-i-（ji）d　　'red'
　　　 b.（s-）moik moik-a　　　moik-a-（ji）d　　'soft'
　　　 c.（s-）'oam 'oam-a　　　'oam-a-（ji）d 'yellow'

（95）Warlpiri　（Hale & Keyser 1998：93）
　　　 ADJECTIVE NON-CAUSATIVE　　COSCAUSATIVE COS
　　　 a. wiri　　　wiri-jarri-　　　wiri-ma　　　'big'
　　　 b. maju　　　maju-jarri-　　　maju-ma　　　'bad'

---

① Koontz-Garboden Andrew, "On the Typology of State/Change of State Alternations", in Booij, G. & van Marle, J. (eds.), *Yearbook of Morphology*, Heidelberg: Springer, 2005, 83-117.

② Hale and Keyser, "The basic elements of argument structure". MIT Working Papers in Linguistics 32, Papers from the UPenn/MIT roundtable on argument structure and aspect, ed. By H. Harley. 1998. Cambridge, MA, 73-118.

例句（93）—（95）说明，英语和 O'odham（英格兰的一种方言）以及 Warlpiri（澳大利亚的一门土著语）里，属性形容词和状态变化形容词形态上关系不大，但实际上二者的词根相同。Koontz-Garboden 认为，在这些语言里状态变化动词是由表示属性的形容词经过形态变化派生而来的。他认为，形容词和状态变化动词之间的关系是一个词汇过程。这说明我们所讨论的状态变化的意义也可以实现词汇显现。

总之，上述分析里，我们介绍了两种处理状态动词产生状态变化意义的方法。Lin J.（2004）针对普通话状态动词与"了"在一起产生状态变化意义的现象提出，这个状态变化意义由一个隐性的动词中心语表示。Koontz（2007）①则针对许多语言中表属性意义的形容词和状态变化的动词词形特点提出，由状态动词到状态变化语义之间是一个词汇过程，状态变化意义由一个表示意义的变化词缀表示。这些分析表明用来表示状态变化的手段在各语言中表现不一，可以是通过词法的形式也可以是句法形式（隐性/显性）。为方便起见，我们将不同语言表示状态变化意义的方式表示为表 3-1。

表 3-1　　　　不同语言用来表示状态变化意义的方式

表示状态变化意义的方法	语言	形态
句法方法	长沙方言	咖
	普通话	Ø
词汇形态法	英语	-en

表 3-1 显示，不同语言里完成体形式触发的状态变化意义的方法各不相同。它可以是通过一个隐性或显性的形态标记，或者是一个词汇形态过程，例如英语；也可以是通过一个句法过程，其中，显性或隐性成分是这个句法过程的一部分，例如普通话和长沙方言。在普通话中，人们通常使用一个隐性成分，尽管有时候可以出现显性的形式，例如使用动词"变"，而长沙方言中则通过"咖"来实现。

在上述分析的基础上，我们将（84b）改写为（96）。

---

① Koontz-Garboden Andrew, States, Changes of State, and the Monotonicity Hypothesis, Ph. D. dissertation, Stanford University, 2007.

（96）状态谓词+ø+le（状态变化）

构式（96）表示，普通话状态动词完成体形式中有一个隐性成分。我们假设这个成分负责状态变化的意义解读。回到长沙方言，根据（84a），我们似乎可以认为"咖"是一个将状态转变为状态变化的谓词，我们将（84）重新改写为（97）。

（97）a. 状态谓词+咖+哒（状态变化）
　　　b. 状态谓词+ø+了（状态变化）

然而，上述分析将"咖"看作一个将状态转变为状态变化的谓词的想法并不能成立。首先，我们观察到"咖"和表示意义变化的"变"可以出现在长沙方言里。见（98）—（99）。

（98）a. *花红哒。
　　　b. 花红咖哒。花红了
　　　c. 花变红哒。花变红了
（99）a. *他瘦哒。
　　　b. 他瘦咖哒。他瘦了
　　　c. 他变瘦哒。他变瘦了

在（98b）里，句子使用了"咖"，而在（98c）里用了动词"变"。这两个句子的语义解释相同。同样的解释方法可以延伸到（99）。这表明，"咖"并不是用来表示状态变化的动词。而且，"咖"和"变"可以共现的事实也说明，"咖"不能看作隐性动词的词汇表现。

（100）a. 花变红咖哒。花变红了
　　　　b. 他变瘦咖哒。他变瘦了

例句（100）中，"咖"和"变"共现，句子的语义解释并没有发生变化。所有这些例句表明"咖"似乎不能看作动词性词汇的显性表示。

在上述分析基础上，我们现在可以为"咖"在状态变化意义情形中的用法提供一个解释：就像在其他含有内在终结点的情形一样，"咖"用在状态变化的情状中用来双重表示终结点意义。不过问题是，具体如何操作？对此问题我们接下来很快提供解释。

同样值得说明的是，与达成体动词一样，"咖"不仅能出现在完成体形式的状态变化的情状中，我们也可以将其用在一个带有情态动词的句子里。

（101） a. 你再喝的话，会醉咖。你再喝的话，会醉
b. ?你再喝的话，会醉。

尽管（101b）的可接受性差，但是如果使用了"咖"，句子则很好。

如果到目前为止，我们的分析正确的话，我们现在可以为长沙方言和普通话之间的差异提供解释。在两门语言中，状态性谓词可以出现在完成体形式中并产生状态变化意义，这一用法是因为隐性形式的表示变化意义的动词的缘故。不同的是，长沙方言中除了这一个隐性动词以外，还需要使用一个显性的成分"咖"来双重表示事件终结点；而普通话里则没有这样的成分。基于以上考虑，我们将（97）修改为（102）。

（102） a. 状态谓词+ø+咖+哒 ［状态变化（长沙方言）］
b. 状态谓词+ø+了 ［状态变化（普通话）］

句式（102）表示，在普通话和长沙方言中有一个隐性的成分，一个表示状态变化的中心语。当其被表示为完成体形式时，它可以获得状态变化的语义解释。而长沙方言和普通话之间的差异在于，除了含有一个隐性的表示状态变化的动词以外，句子还需要使用"咖"来双重表示事件终结点的意义。

接下来，我们分析"咖"在"把"字句里的用法。

三 "咖"与"把"字句

"把"字句的表现形式很丰富。本书中我们只关注［把+有定名词短

语+动词]句式。在第三章第二节里，我们已经说明长沙方言里，"咖"在"把"字句里常常具有强制性，完成体式的"把"字句里，省略"咖"会使句子不合语法。

（103） a. *我把衣服洗哒。
　　　　 b. 我把衣服洗咖哒。我把衣服洗（完）了
（104） a. *张三把那本书看哒。
　　　　 b. 张三把那本书看咖哒。张三把那本书看完了

从例句（103a）—（104b）可以看出，不用"咖"，句子不合语法。而普通话则不需要这样一个附加成分。值得说明的是，普通话"完"可以使用，但也可以不用：普通话中同样的情形下，只需要使用"了"就可以。我们可以将普通话的情形（105）—（106）与长沙方言（103b）—（104b）进行比较。

（105） 我把衣服洗了。
（106） 我把那本书看了。

在（105）—（106）中两个"把"字句都用"了"表示为完成体形式。与普通话比较，我们看到长沙方言里同样情形下，却不能独立使用"哒"。相关的问题是：就"把"字句而言，长沙方言和普通话之间有何区别？这些差异是由两种语言里语法体标记的特征引起还是由其他因素引起的？

表面看来，似乎这些问题涉及这两门语言里的体标记词的用法。因为到目前为止，我们还没有就"了"的用法做任何解释。Li 和 Thompson（1981）、Ross（1995）①、Smith（1997）、Soh 和 Gao（2007）②等认为，

---

① Ross Claudia, "Temporal and Aspectual Reference in Mandarin Chinese", *Journal of Chinese Linguistics*, 1995, 87-135.

② Soh Hooi Ling and Gao Meijia, "It's over: Verbal-le in Mandarin Chinese", In The Grammar-Pragmatics Interface: essays in honor of Jeanettee K. Gundel, eds. Nancy Hedberg and RonZacharski, Philadelphia: John Benjamins, 2007, 91-109.

动词尾"了"是一个完成体标记。其作用是表示动作已经截止或完成。也就是说，在一个终结点事件里，"了"表示事件已经完成；而在非终结点事件里，"了"表示事件已经截止。我们假设"哒"与"了"相似。"哒"在长沙方言里是一个完成体标记。为了更好地解决我们所面临的问题，我们将长沙方言和普通话"把"字句的完成体形式的表达方式表示为（107）——（108）。

（107）长沙方言完成体
    a. ［动词+哒+名］ （非"把"字句）
    b. ［把 + 有定名+动+咖+哒］ （"把"字句）

（108）普通话完成体
    a. ［动+了+名］ （非"把"字句）
    b. ［把 + 有定+动+ 了］ （"把"字句）

从（107）与（108）可以看出，这两门语言中的完成体分别由"哒"和"了"表示。但是，如果在"把"字句中，长沙方言里必须使用"咖哒"，而在普通话里则使用"了"。普通话里，无论"把"字句或非"把"字句完成体形式都用"了"。因此，上述表明我们实际上有两个问题需要回答：首先，为什么长沙方言和普通话不同？其次，在长沙方言"把"字句里"咖"为什么具有强制性，而在非"把"字句里却没有？

为了回答这两个问题，我们首先需要考虑长沙方言中"把"字句具有何种特征，以至于完成体形式里，我们必须使用"咖"。

接下来的分析里，我们首先指出，"把"字句含有一个内在终结点，这种看法出现在很多"把"字句的分析里。其中，Sybesma（1999）[①] 对此解释尤为清晰。Sybesma 指出，终结点意义来自"把"字后面的名词短语，后者是结果补语的主语。也就是说它是一个终结点成分。根据 Sybesma（1999），每一个"把"字句都含有一个终结点，没有终结点的话，就不会生成"把"字句，这一点也可以从（109）的语义解释看出来。（109a）是一个非"把"字句，而（109b）是一个"把"字句。

[①] Sybesma Rint, *The Mandarin VP*, Dordrecht: Kluwer Academic Publisher, 1999.

(109) a. 他看了那本书。(看完了那本书，也有可能没有看完那本书)

　　　b. 他把那本书看了。

例句（109a）是一个歧义句。句子可以表示动作已经完成，也可以表示不一定完成；而在（109b）里，句子只能表示动作已经完成。问题是：为什么一般句子里完成体形式不一定产生完成语义而在"把"字句里，句子一定产生动作完成的语义解释？

根据 Sybesma（1999），（109b）只有一个底层结构，而（109a）含有两个底层结构。其中一个与（109b）底层结构相同。在 Sybesma 的分析中，"把-NP"和表示结果的成分一起形成一个小句，后者用来说明动作发生后所产生的结果。因此，没有动作结果，就没有"把"字句。我们可以用（110）来表示，我们暂时忽略完成体形式，并且也忽略句子基本语序（接下来会有进一步分析）。

(110) 主语 + 把 + 宾语$_i$ + 动词 [t$_i$　结果补语]

结构（110）里表示动作结果的小句用在动词后面，包含一个谓词和一个主语 [在（109）里，这个主语就是宾语，因为整个结构而言它是整个动词短语的宾语]。正如结构中的语迹所表示的那样，[把+NP] 从其基础生成的位置发生位移（详细讨论请参见 Sybesma 1999）。重要的是，这个结构中，表示补语的成分可以为空。例如（111）对应于（112）。

(111) 我把这本书看了。
(112) 我把 [这本书]$_i$ 看 [t$_i$　ø] 了。

并且，句子（110）的底层结构 [见（112）] 与（113a）的意义相同，其中含有一个 ø，后者是"完"的对应成分。

(113) a. 我把这本书看完了。
　　　b. 我把 [这本书]$_i$ 看 [t$_i$ 完]

在例句（113a）中表示动作结果的成分由词汇形式"完"表示。(113b) 是 (113a) 的隐含结构。Sybesma（1999）观察到，每一个"把"字句都有一个对应的非"把"字句，语义不变，深层结构也不变。我们回到 (110)，这些句子的特点是 V 或 [V+C] 移到了"把"所在的位置 (112)（详细讨论见第一章）。因此，例句 (114) 对应例句 (111)，(115) 对应 (113)。

(114) 我看了这本书。
(115) 我看完了这本书。

上述，我们介绍了 Sybesma 关于"把"字句的分析。对我们的分析重要的是，根据 Sybesma "把"字句的分析，"把"字句含有一个终结点，后者由结果补语表示。该补语可以是隐性，也可以是显性。基于 Sybesma 关于"把"字句的分析，我们来观察"咖"。

我们首先比较普通话"把"字句和长沙方言"把"字句（我们忽略完成体形式）：

(116) a. 我把这本书$_i$看 [t$_i$ ø]　　　　（普通话）
　　　b. 我把这本书$_i$看 [t$_i$ 完]
(117) a. 我把本书$_i$看 [t$_i$ ø] * (咖)　（长沙方言）
　　　b. 我把这本书$_i$看 [t$_i$ 完] * (咖)

句子 (116) — (117) 表明普通话和长沙方言中，表示结果的成分可以是显性的，也可以是隐性的。不管是显性还是隐性，我们总是需要一个额外的成分"咖"。这意味着不管其作用如何，"咖"不是用来表示事件终结点：就像之前我们所指出来的一样，"咖"用来双重表示事件终结点。

为了进一步说明"咖"在"把"字句里用来双重表示事件终结点的作用，而且说明"咖"的这一用法与完成体之间没有密切的关系，我们可以观察其他含有内在终结点的情形。例如非现实句。我们观察到在非现实句里，"咖"可以独立出现在"把"字句中，见 (118)。

(118) a. 菜一买回来，我就把它们洗咖。菜一买回来，我就把它们洗掉

　　　b. 我不愿意把衣服洗咖。我不愿意把衣服洗掉

　　　c. 把衣服洗咖！把衣服洗了

　　　d. 我有把衣服洗咖。我有把衣服洗掉

在（118）这四个句子中，只能使用"咖"，"哒"受到排除。"咖"用在句子中表示事件的终结点。(118a) 描写的是一个习惯性的动作。句子表示说话者通常在菜一买回来之后立即清洗。(118b) 描写的是将要发生的动作，(118c) 使用的是祈使语气，而例句 (118d) 里则含有一个情态动词。所有这些句子中"咖"必须出现，而"哒"则不被接受；所有这些句子都不是用在完成体形式里：它们都含有一个终结点，但是没有实现。

上述例句说，"把"字句里，"咖"的作用与其在达成体事件和状态变化句子里的作用相同。这些句子所描写的事件本身含有一个内在终结点。而且，这些情形中普通话和长沙方言不同，长沙方言的"把"字句终结点需要双重表示，而普通话则不需要。

现在我们可以回答第二个问题：为什么长沙方言"把"字句需要双重表示终结点，而非"把"字句则不需要？

我们在前面已经看到，普通话非"把"字句用于完成体形式可以产生两种语义解读，一种对应于"把"字句。我们的假设是，非"把"字句用"了"所表示的完成体形式的深层结构有两种形式，其中一种对应于"把"字句的深层结构。如果这种假设正确的话，长沙方言也是如此：在 (119a) 里，句子有两种解释，在 (119b) 里则没有语义歧义；(119a) 有两个深层结构，其中一个结构含终结点意义，例句 (119b) 里只有一个深层结构（含终结点）。

(119) a. 我洗哒衣服。我洗了衣服（洗完了，也可能没有洗完）

　　　b. 我洗咖哒衣服。我洗完了衣服

只含"哒"的句子有两种语义解释,其中一种含有一个内在终结点(119a)。而例句(119b)用了"咖",句子只有一个深层结构,并获得事件完成的语义解释。这种情况不管是在"把"字句还是非"把"字句都可以出现。

不过,这种分析的问题是我们无法解释为什么"咖"在"把"字句里必须出现,而且句子产生事件已经完成的语义解释。而如果我们认为"咖"用来双重表示事件原本含有的终结点,为什么在非"把"字句不需要呢,为什么只有在"把"字句里需要双重表示呢?

其中一个可能的解释是,非"把"字句里的终结点是蕴含性质的,也就是说,非"把"字句里没有一个用来表示事件终结点的结构。如果这种可能成立的话,那么首先(119a)根本就不会有两个深层结构,其次,这也强化了我们的看法:长沙方言中,如果结构上有一个表示终结点意义的节点的话,句子总是需要使用"咖"来双重表示终结点意义。在接下来的分析中,我们分析与此类似的一个情形,并且讨论这种可能性。我们将得出结论:"咖"在原本含有内在终结点的事件里,具有强制性。

我们现在来观察那些"咖"似乎不具有强制性的情形。

四 "咖"与[V+光杆名词/指示语+NP]的句子

在第一节里,我们已经说明,普通话中一个带有定名词宾语的实现体事件不一定表示一个终结点的事件,也就是说,其终结点可以被剥离或取消。在Soh和Kuo(2005)的分析中,一个有定名词宾语的实现体事件是否是一个终结点事件取决于宾语的性质。如果是一个允许部分性质的宾语(例如画一幅画),则不一定具有终结点性质,这主要取决于宾语是否能体现所关涉的宾语。我们在第一章有详细的讨论。这一节我们讨论"咖"的功能。我们从"咖"出现在光杆名词宾语句里开始。先看例句(120)。

(120) a. 他跑哒步。(他做了跑步这件事,或者,他跑完了步)
     b. 他跑咖哒步。(他跑完了步)

在(120a)里,"哒"表示动作已经截止或者完成(事件表示一个预先设定的终结点)。而如果在例句(120b)里添加了"咖",句子只能表示事件已经完成：他已经完成跑步这件事了，相当于英语"He has done his running; he has finished running the distance he had planned to run"。当然，现实世界里，我们不会说某人已经跑完了步，因为活动体事件根本没有终结点。但重要的是，说话者说这句话时，其心目中有一个设定的距离。例如在（120b）里，跑步的距离可能是 20 或 30 英里。不管这个设定的距离是多少，关键是说话者心目中有这样一个明确的概念。不使用"咖"，尽管有事件完成的语义解释，但是只是一个隐含的距离。

我们有两种可能的方法来解释例句（120b）里"咖"的用法。一种方法是，我们假设"咖"用来标记或给事件提供一个终结点（这里表示一个预先设定的距离）。这是有可能的。因为我们观察到使用"咖"的句子只有一个语义解释：表示事件已经完成（119b）。而不使用"咖"，句子会产生语义歧义（120a）。似乎"咖"给事件提供一个终结点，而"哒"用来将事件表示为完成体。但是我们在第四节已经指出，这不太可能。这主要是考虑到我们前面已经提供的分析中，"咖"在那些原本含有终结点标记的事件中依然具有强制性。这些事件中，"咖"本身不是用来表示终结点。因此我们放弃将"咖"看作事件终结点的方法。

我们考虑第二种可能性。我们想象事件的终结点或者预设的距离在"咖"出现之前就已经存在：这种思考与我们之前的考虑一致："咖"只出现在一个原本就含有内在终结点的事件中，尽管这些事件中的终结点有时是隐性的。"咖"在这些事件中用来双重表示事件的终结点。

这是有可能的。我们之前已经分析过带有定名词宾语的句子，例如（121）。

(121) a. 李四吃哒那只苹果。(可能吃完了，也可能没有吃完)
b. 李四吃咖哒那只苹果。李四吃掉了那只苹果

句子（121a）的语义有歧义，它可以表示李四吃了那个苹果，没有吃完；也可以表示李四吃了那个苹果，并且已经吃完了。换句话说，带有定宾语的动词所描写的事件可以是终结点性的，也可以是非终结点性。这就是为什么（121a）可以产生两种语义解释。有意思的是（121b）。句子（121b）添加了"咖"，只能理解为行为已经完成：他吃掉了整个苹果。

这两个句子的差异在于（121b）里用了"咖"，在（121a）里则没有。基于上述我们的分析（带有定宾语动词可以是终结点性质的），"咖"在这里不应该看作用来表示终结点标记。如果我们认为"咖"用在这里的作用是用来双重表示终结点，那么（121b）所产生的语义可以得到很好的解释："咖"用来双重表示事件终结点，因此我们只能获得事件已经完成的解释。换句话说，"咖"用来消除语义歧义。这就是为什么句子只有一种语义解释。

在（121a）里，我们看到句子的语义有歧义，正如上述所说，我们有两种方法来解释这种语义歧义：要么我们认为其句法结构不同（有两个底层结构，其中只有一个结构表示终结点）；要么我们认为终结点意义是暗含性质的，与底层结构没有关系（也就是说，句子在结构上没有歧义）。那样的话，在结构上来讲，例句（121a）与（121b）没有差异。我们坚持我们的假设：只要有终结点在，不管是隐性还是显性，"咖"都会出现。换句话说，"咖"不是可选的，而是强制性的。

然而当我们考虑到以下情形时，上述假设却不能成立。在以下情形中"咖"的确具有可选性，而句子也没有两个不同的底层结构。句子的语义解释总是含有一个内在终结点。一方面，这也表明，"咖"总是用来双重表示一个已经存在的终结点；另一方面，相反的情形不是不能成立：并不是说只有终结点"咖"就会出现。

（122）张三吃（咖）哒三只苹果。张三吃了三只苹果

在（122）里，动词宾语是一个数量语，句子表示一个终结点事件。关键是"咖"在句子中可以被接受。因此，如果我们认为，"咖"用来表示事件终结点，那么（122）的事实将无法解释：我们前面已经说过，我们现在所面临的不是一个隐含终结点的事件，我们前面已经说过这里的终结点不可取消，事件结构上具有一个内在终结点。

基于上述考虑，我们认为"咖"用来双重表示事件的终结点，尽管有时候事件的终结点是隐性的。

"咖"用来双重表示事件终结点的事实不仅在那些强制性语境中体现出来，而且在数量宾语句以及［动+结果补语］结构里也能体现出来。我

们已经提供相关例句，现重复如下：

（123）a. 质量提高咖哒。质量提高了
　　　　b. 那些事情都已经处理好咖哒。那些事情都已经处理好了

另外，（124）中的例句提供更多事实说明，"咖"用来双重表示非完成体形式的［V+有定名词宾语］事件的终结点。

（124）a. 我想看咯本书。我想看这本书（可以看完，也可以不看完）
　　　　b. 我想看咖咯本书。我想看完这本书

正如我们已经说明的那样，（124a）有两种语义解释，而（124b）只有一种。而两个句子的不同之处在于"咖"用在（124b）里。显然，"咖"消除了句子（124a）的语义歧义，使得（124b）里的终结点成为唯一可能的解读。

值得说明的是，在同样的情形里，普通话必须使用词汇形式的"完"，句子才能表示事件已经完成。

（125）a. 我想看这本书。
　　　　b. 我想看完这本书。

在（125a）里有两种语义解读，但是，当我们增加"完"（见125b），我们只能获得一种语义解释。这似乎再一次说明，长沙方言中"咖"和普通话动词补语"完"相似，我们关于这两个成分的相似性的认识得到证实。更多例句见（126）。

（126）a. 我游完了泳就回去。
　　　　b. 我游咖哒泳就回去。我游完了泳就回去
　　　　c. 我游完咖哒泳就回去。我游完了泳就回去

如果我们仔细观察（126a，126b），似乎"咖"与"完"相似。但

是，这种认识并不合乎情理。主要原因是，"咖"可以和"完"共现，见（126c）。换句话说，在这些句子中，普通话中的"完"（至少部分是这样）和长沙方言中"完"是用来表示事件结果的成分，就像（123）里的"高"和"好"一样。这进一步说明"咖"不能等同于"完"，"咖"用来双重表示一个已经存在的终结点。

在我们进入下一节进一步分析"咖"的用法前，我们指出另一个重要的观察。简单说，只要"咖"出现在句子中，那么句子中的终结点不可以被取消。

(127) a. 李四写哒一封信，可是没有写完。
b. *李四写咖哒一封信，可是没有写完。

句子（127a）表示为完成体形式，其后面可以接一个否定结构来否定一个已经截止的动作。但是（127b）则不行。这两个句子的差异在于（127a）里，句子使用"哒"，而（127b）里，句子使用"咖"。显然，"咖"影响了句子的语义解释。如果按照我们的说法，句子使用"咖"，则句子的终结点被双重表示，并且不可以被剥离，那么（127b）就可以这样理解：第一个句子暗示说事件已经完成，第二个句子则表示相反的意义，因此构成了一个矛盾。同样，我们已经看到，用了"咖"，句子不能被表示为进行体形式（128a），而不用"咖"，句子则可以表示为进行体（128b）。这些观察再一次支持我们的看法："咖"使事件的终结点具体化，因而不会被剥离。

(128) a. *张三在咯吃咖那只苹果。
b. 张三在咯吃那只苹果。张三正在吃那只苹果

我们接下来提供分析说明"咖"的句法。

五 小结

总而言之，上述我们分析了长沙方言里"咖"的语义特征。我们指出，"咖"用在含有终结点的句子里，所有"咖"出现的语境都含有一个

事件终结点。这一点正是我们接下来要关注的焦点：只要事件有一个终结点，"咖"就会出现。"咖"不是用来给事件提供一个终结点的事实已经很清楚：达成体动词、"把"字句、状态变化动词等语境已经清楚地说明了这一点。这些语境显然含有一个终结点，而"咖"必须出现。而在其他"咖"具有可选性的语境里，我们看到"咖"使得事件的终结点具体化。当人们使用了"咖"，事件的终结点不再可以被剥离或取消。

第六节　新的方法："咖"与内部体投射

在这一节里，我们提出新的方法来解释"咖"的用法。我们将采用前面两章里所介绍的三层次内部体结构［具体见（129）］，以及我们对 Asp2P 所进行的修改。具体说，我们认为 Asp2P 的主要作用取决于这个位置所填充的成分。在第二章，我们提出，进行体标记"哒"占据此位置，其作用是表示事件正在进行过程中。我们提出，"咖"同样位于此位置。其作用相反：所表示的事件不能进行进一步的句法操作。

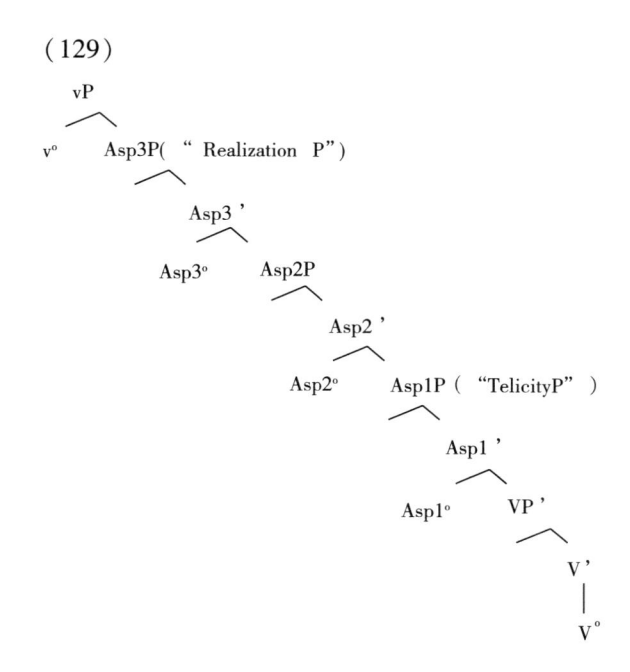

（129）

```
        vP
       /  \
     v°    Asp3P ("Realization P")
            /  \
          Asp3'
          /  \
       Asp3°  Asp2P
              /  \
            Asp2'
            /  \
         Asp2°  Asp1P ("TelicityP")
                /  \
              Asp1'
              /  \
           Asp1°  VP'
                  /  \
                 V'
                  \
                  V°
```

前面已经提到，"咖"在语义上用来双重表示事件的终结点，即使在有些情形里，事件终结点是蕴含的。我们提出这样的假设，主要的动机来自我们对达成体动词、"把"字句以及状态变化动词的观察。我们注意到后者含有一个终结点，但是"咖"在这些事件中具有强制性。我们还观察到"咖"能与表示结果意义的成分同时出现。我们在第一章中，已经指出这些成分占据 Telicity 位置或者 Asp1 的位置。

接下来的问题是讨论"咖"的功能。我们将采用 Sybesma（2017）[①] 的说法。也就是说，在其三层次内部体结构中有一个这样的节点：位于该节点上的成分相当于普通话的动相补语（phase complementary），该成分用来表示事件已经成功地实现（Chao, 1968[②]; Tai, 1984[③]）。我们在第一章已经进行过介绍。Sybesma（2017）认为，这个节点位于 TelicityP 的上端，其作用是表示事件的终结点已经被明确（definitive）。一旦这个位置被填充，实现体事件（活动体+可取消的终结点）就成为一个达成体事件（活动体+不可取消的终结点）。含有一个不可取消的终结点的结果就是，动词所表示的活动体不能再进行进一步的句法操作。例如，不能被表示为进行体。

这一章里，我们提出，长沙方言中"咖"占据 Asp2° 的位置。"咖"就像普通话中的"掉""完"等一样。具体例句见（130）—（131）。

（130）a. 她把电脑弄坏掉了。
　　　　b. 她把电脑弄坏咖哒。她把电脑弄坏了

（131）a. 我早就把客厅擦完了。
　　　　b. 我早就把客厅擦完咖哒。我早就把客厅擦完了

正如我们所预料的那样，实现体动词不能被表示为进行体。

[①] Sybesma Rint, "Aspect, Inner." ed. Rint Sybesma, Wolfgang Behr, Yueguo Gu, Zev Handel, C.‐T. James Huang and James Myers (eds.), *Encyclopedia of Chinese language and linguistics*, Leiden: Brill, Vol I, 2017, 186-193.

[②] Chao YuenRen, A Grammar of Spoken Chinese. Berkeley: University of California Press. 1968.

[③] Tai James. "Verbs and Times in Chinese: Vendler's Four Categories" in D. Testen et al. (eds.), Lexical Semantics, Chicago: Chicago Linguistic Society, 1984, 288-296.

（132）进一步说明。

（132）a. *你在弄坏掉我的电脑！
b. *你在咯弄坏咖我的电脑！
c. 你在咯弄坏我的电脑！

例句（132）中，使用了"咖"，句子不能表示为进行体，但是如果不使用"咖"，句子则可以（132c）。所有这些句子说明，长沙方言和普通话一样，具有 Asp2 所具有的特征。不同的是，长沙方言中 Asp2 被更加频繁地填充，而普通话里，大多数情况下，Asp2 位置为零形式：（132a）里"掉"用来双重表示事件终结点的现象十分罕见。长沙方言里这个成分似乎已经被语法化。接下来的例句再次说明普通话和长沙方言之间的差异。

（133）a. 我把衣服洗*（咖）哒。我把衣服洗了
b. 花红*（咖）哒。花红了
c. 车子翻*（咖）哒。车子翻了
（134）a. 我把衣服洗了。
b. 花红了。
c. 车子翻了。

比较（133）和（134），我们发现，同样的情形里，长沙方言中，"咖"具有强制性，而普通话中则没有类似的成分。在带有结果补语的句子也是如此："咖"和表示事件终结点的结果补语一同出现。前面已经详述，这里不再举例。

我们同时也解释了长沙方言中"咖"的主要作用是使得事件的终结点不能被取消。值得说明的是，第二章里，我们提出，"哒$_{进行}$"位于 Asp2P 的位置，但是我们没有解释它为什么可以出现在那里。现在，我们认为可以为其提供解释：根据 Sybesma（2017）的看法，Asp2P 位置如果被填充，那么其作用是使得 Asp1 所表示的事件终结点不能进行进一步的句法操作。在 Sybesma（2017）基础上，作者进一步提出，长沙方言中相

应位置的作用不是取决于是否被填充，而是取决于被什么成分所填充。依据这个位置上所填充的成分不同，它可以是用来阻止事件进行进一步的句法操作，也有可能是相反的情形，例如用来表示事件正在进行当中（Lu et al.，2019①）。长沙方言中，我们正好可以观察到这两个成分。"咖"用来阻止事件进行进一步的句法操作，而"哒_{进行}"表示事件正在进行当中。

接下来，我们将为我们在文章一开始所提出的事实进行解释。方便起见，我们首先回顾"咖"的语义解释。

第七节 解释事实

在前面的小节里，我们调查了"咖"的语义解释和句法分布。我们发现，"咖"总是出现在终结点事件中，尽管有时候终结点可能是隐含的。从描写的角度来讲。"咖"的作用是使得事件的终结点更加明确和具体，并且阻止其前面的动作进行进一步的句法操作。我们采用 Sybesma（2017）关于普通话体三层结构的说法来解释长沙方言：从底层开始，长沙方言体也是一个三层次的结构：Asp3P、Asp2P、Asp1P。"咖"位于 Asp2P 位置。Asp3P 用来表示词汇体，有时被用来表示事件结果的成分填充。我们在第二章已经重点分析了 Asp1P。这里不再重复。

接下来我们指出我们的方法可以为本书所提供的事实做出解释。为方便起见，我们先将"咖"出现的语境重复如下。我们已经在第二节介绍了这些语境，这里只做简单回顾。

（135）（i）"咖"具有强制性
  a. 达成体
  b. 状态动词
  c. "把"字句
（ii）"咖"具有选择性，但是使用与否不会引起语义上

---

① Lu Man, Aniko Liptak, Syesma Rint, "A Structural Account for the Differences between Accomplishment and Achiement: the case of Changsha", *Journal of East Asian Linguistics*, 2019, Vol. 28, No. 3, 279-306.

的不同。

  A. 实现体动词带数量名宾语
   a. 不使用"咖",表示完成
   b. 使用"咖",表示完成
  B. 动结结构
   a. 不使用"咖",表示完成
   b. 使用"咖",表示完成

(iii) 咖具有可选性,但是使用与否会引起语义上的不同。

  A. 与光杆名词宾语
   a. 不使用"咖",表示截至或完成
   b. 使用"咖",表示完成
  B. 与有定名词宾语
   a. 不使用"咖",表示截至或完成
   b. 使用"咖",表示完成

  在(i)里,"咖"具有强制性。这三种语境很有意思,因为其所描述的事件有一个内在终结点。达成体动词和状态变化动词具有终结点性质。在此之前我们已经分析了"把"字句,并指出,"把"字句内含一个终结点。在(ii)里,在[动+结果补语]和带数量宾语的实现体句子当中,"咖"具有可选性,使用"咖"与否,句子的语义解释没有不同。在语境(iii)里,句子使用"咖",事件成为终结点性质,不使用"咖",句子可以表示终结点的事件,也可以是非终结点性质。我们接下来介绍几个具体的实例。

一 "咖"与不同类型的谓词

  我们从语境(i)开始。我们在本章第二节里已经看到,"把"字句、达成体动词和状态变化的谓词中,"咖"具有强制性。删除"咖",句子变得不合语法。根据我们在本章第五节的分析,普通话"把"字句和长沙方言"把"字句相似,都含有一个内在终结点。但是长沙方言总是需要使用"咖",而普通话里则不需要这样额外的成分。而状态变化动词和达成体动词所表示的事件也一样，总是需要使用"咖"。在这三种情形当中，"咖"用来双重表示事件的终结点。

这种分析提出的问题是，为什么"咖"在这些语境里具有强制性，而在其他语境里则不具有？例如在实现体事件或者带有结果补语的动结结构中，"咖"则是可选的。见（136）。

（136）a. 他吃（咖）哒那只苹果。
b. 他把三只苹果吃＊（咖）哒。他吃了三只苹果。
c. 他吃咖（哒）三只苹果。他吃完了三只苹果

正如我们在本章第二节介绍的那样，"咖"在（136a）里具有可选性，而在（136b）里具有强制性。就"咖"的用法来说，我们必须要解释（136a）和（136b）之间的差异。

在我们回答这个问题之前，我们重申"咖"用来双重表示终结点并且使得事件终结点具体化的用法。基于这种看法，我们回到问题：为什么"咖"在达成体、状态性谓词句以及"把"字句结构里具有其强制性？而在带有定宾语的实现体事件里却不具有强制性？

我们认为这与两种结构的属性有关。值得说明的是，在带有定宾语的实现体事件和动结结构里，事件的终结点是组合性的；而在达成体动词和状态变化动词的句字里，事件的终结点是内含的、固有的。在包括普通话和长沙方言在内的很多语言中都可以将含有定宾语的实现体事件句和动结句表示为进行体形式［具体例句见（137）］，但是却不可以将达成体动词句和状态变化的句子表示为进行体。这些事件中的终结点不能被消除。在描写内含终结点事件的句子里，"咖"具有强制性。

（137）a. 他在咯熨直衣服。
b. 他在咯发动他的汽车。

"把"字句能说明事实。尽管其中的终结点不像达成体动词那样是固有的，"把"字句的终结点是该结构所赋予的；没有终结点就不能构成"把"字句。"把"字句不能表示为进行体形式，其终结点不能被取消，

第三章 动词+"咖"

"咖"在其中具有强制性。在其他情形中，即使具有终结点，但是如果可以被剥离的话，"咖"具有可选性。

我们的结论是，如果没有终结点，谓词就不存在，那么，这要么是因为终结点是内含的、固有的；要么是因为相关结构上所具有的（例如"把"字句），"咖"在这些结构里具有强制性。

现在，我们来解释［V+光杆/有定名词］上一节（iii）所介绍的语境。相关例句见（138）。

(138) a. 我游哒泳。我游了泳
　　　b. 我游咖哒泳。我游完了泳

我们已经说明在（138b）里，有一个终结点，被双重表示，而且在这种情形里，由于使用了"咖"，因而在句法上可见。（138）的情形与（139）相似，相关例句我们已经进行介绍，现重复于（139）：

(139) a. 张三看哒那本书。张三看了那本书（可能看完了也可能没有看完）
　　　b. 张三看咖哒那本书。张三看完了那本书

在（139b）里，句子的宾语是一个带有指示语的有定名词。前面我们已经说明，这种情形可以是表示一个终结点事件，也可能不是。在（139b）里，句子使用了"咖"，"咖"在这里的作用不是用来提供一个终结点，而是用来双重表示事件中已经存在的终结点，使得其不能被剥离或被取消。句子用了"咖"，就只能产生一种语义解释。

句子（139a）和（139b）之间的差异在于，在句子（139a）里的宾语是一个光杆名词，同时也是一个无指名词，在没有标记的情况下，后者使得句子很难或者说几乎不可能产生终结点语义解释。但是，基于光杆名词也可以是有定名词，因此具有有定特征这样的事实，光杆名词也可以使其中的谓词成为终结点性质。原则上来讲，句子（139a）中暗示一个终结点是可能的，这就是为什么（139a）会产生语义歧义。

二 "咖"与句子语义歧义

现在我们介绍这样一些事实：在有些句子中，即使用了"咖"，句子依然会出现歧义现象。在有定名词宾语句或含时间持续的状语成分的句子里，句子语义会有歧义。相关例句见（140）—（141）。

（140）我看咖那本书三个小时。
　　（ⅰ）我看了那本书三个小时，看完了。
　　（ⅱ）我看了那本书三个小时，没看完。
（141）那条路修咖半个月。
　　（ⅰ）那条路修了半个月，修完了。
　　（ⅱ）那条路修了半个月，还没有修完。

在（140）—（141）句子中，动作行为可以理解为三个小时（或半个月）内已经完成，也可以理解为三个小时（或半个月）后已经被截止。问题是：如何解释这种语义歧义？

由于前面已经说明"咖"的作用是用来双重表示事件中已经存在的终结点，问题是：它用来双重表示例如（140）里哪一个终结点才使得句子产生歧义？由于我们前面已经指出，长沙方言中含指示词的宾语名词和普通话情形一样，可以理解为有界，也可以理解为无界，这一点上与光杆名词的情形相似（回见138）。当我们给句子增加一个表示持续意义的修饰成分时，我们引入了一个设定的时间段，"咖"用来双重表示这个时间段，因此产生（140）里的语义解释。当带有指示语宾语名词为有界名词时，该谓词为终结点性质，"咖"用来双重表示谓词的终结点，持续性短语表示事件在达到终结点之前所持续的时间。这样就会产生（140ⅱ）的语义解释。同样的分析可以扩展到（141）。

上述语义歧义可以证实我们关于"咖"用来双重表示事件中已经存在的终结点的说法。

三 "咖"与否定结构

在结束这一节之前，我们指出"咖"用来双重表示事件终结点的情形在否定结构里也能观察到。长沙方言否定标记"冇"相当于普通话否定式"没有"。相关例句见（142）。

（142）a. 张三冇洗衣服。
　　　b. 张三冇洗咖衣服。_{张三没有洗完衣服}

例句（142a）里没有使用"咖"，句子否定事件已经发生，不一定是否定事件已经完成。在（142b）里，句子使用了"咖"，句子的意思是用来否定动作行为的完成，包括事件终结点。我们在（138）里所做的分析同样适用于这里：光杆名词可以是有定的，由此使其谓词成为终结点性质，而使用"咖"，则终结点得到双重表示。

四　小结

这一章里，我们主要分析"咖"的句法和语义。在传统的分析里，"咖"和"哒"都被认为完成体标记。两者之间只是语义上的差异。"咖"表示动作已经完成，而"哒"表示动作已经完成或截止。并且"咖"选择表示"删除""消失""破坏"等意义的动词，它还要求动词宾语是数量名短语。而"哒"则没有这样的选择。另一种方法里，"哒"是完成体标记，而"咖"则被看作一个事件界限标记。但是我们指出这种处理"咖"的方法不合情理。在提出新的方法之前，我们先分析了"咖"的分布特点和语义解释。我们认为"咖"不应该看作完成体标记。我们的主要证据是"咖"不能独立出现在活动体和达成体，以及部分实现体里。根据 Smith（1997）的说法，理论上说，任何事件性动词所表示的事件都可以用完成体来表示。如果我们将"咖"看作完成体标记，我们无法解释"咖"在上述语境中受排除的事实。

因此与传统方法不同，我们本书提出，"咖"是一个终结点标记。其作用是阻止事件进行进一步的句法操作。例如当"咖"出现时，句子不能表示为进行体。

第八节　"咖"似乎表示完成体意义的句子

我们已经介绍了用"咖"而没有使用"哒"的句子。这些用法使得早期研究者们提出,"咖"同样是一个完成体标记。不过我们已经分析说明,这种说法不合情理。相关例句重复如下。

(143) a. 上午我买咖书就回去哒。
b. 我洗咖三件衣服。
c. 张三买咖三本书。

在(143)这些句子里,都使用了"咖",没有使用"哒",句子理解完成体形式。基于前面我们关于"咖"的分析,即认为"咖"不是一个完成体标记。立即的问题是:为什么在(143)这些句子里,"哒"可以不出现?句子中的完成体语义如何产生?更多例句见(144)—(145)。

(144) a. *雪融咖。
b. 雪融咖哒。雪融了
c. 雪融咖三天。雪融了三天
(145) 客人们来咖半个小时。客人们来了半个小时

这些句子的动词"融"和"来"都是达成体动词。与(143)里的情形一样,完成体标记"哒"可以省略[(144c)—(145c)]。再次回到我们的问题:为什么这些句子中可以省略"哒"?

仔细的观察表明,这些句子与那些"哒"不能省略的句子不同。例如,句子(143a)含有两个接连发生的动作;在(143b,143c)里宾语含一个数量语;在(144)—(145)里,句子分别含有一个持续义修饰语"三天"和"半个小时"。没有这些成分的话,"哒"不能省略。这一点我们已经在前面进行说明。那么句子中一定存在某些成分,后者使得"哒"可以删略。这一点与我们在第二章分析"哒$_{进行}$"的情形相似。第二章里,我们认为,"哒$_{进行}$"位于 Asp2 的位置,后者位置太低,因此无法帮助句子实现时制锚定。要使用"哒$_{进行}$",句子总是需要其他的成分来帮助句子实现时制锚定,似乎同样的情形也出现在这。

在解释全部的事实前，我们先回到 Tsai（2008）①。正如我们之前已经讨论过的那样，Tsai 对普通话的不完句现象进行了讨论。（146）选自 Tsai（2008）。

(146) ?阿 Q 拿了书。

之前我们已经介绍 Tsai（2008）关于普通话不完句现象的解释。Tsai 提出所有的句子都必须要实现时制锚定。而时制锚定的方法之一就是将体特征移到时制特征位置（Asp→T）。普通话完成体标记"了"由于位置太低，无法实现上移，也因此不能在体和时制特征之间建立起联系，因此导致不完整现象。Tsai 列举了很多可以用来修复这些句子的方法，我们介绍如下：
-将句子嵌入到更大的句子中（147）
-与否定结构连用（例如，没拿书）
-与情态动词连用（例如，应该拿书）
-用在祈使句/感叹句
-使用其他的体标记（例如，拿过书）
-使用句尾语气词
-使用时间副词
-使用事件量词或数量宾语（148）

(147) 阿 Q 拿了书，就走了。
(148) a. 阿 Q 拿了三本书。
　　　b. 阿 Q 拿了三次书。

我们前面已经介绍，Tsai 的出发点是"广义锚定原则"，一种广义上的，句子用来拼读事件变量的机制。Tsai 指出，英语事件变量受到时制形态的约束，但是普通话则使用事件组构的手段例如，事件量词、从属成分、修饰语等来拼读事件变量（Tsai，2008：681）。

---

① Tsai wei-Tien Dylan, "Tense Anchoring in Chinese", *Lingua*, Vol.118, No.5, 2008.

回到长沙方言中使用"咖"的情形，我们观察到的是长沙方言采用了普通话所使用的方法。

在（143a）中，句子描写的是两个由时间副词"就"连接的动作。基于 Tsai 的方法，我们认为第一个句子的时制锚定是通过第二个句子来实现的，这就是为什么（144a）合法（句子给我们一个假象：以为"咖"是一个完成体标记）。

在（144b）中，我们观察到另一种用"咖"不用"哒"且句子产生完成体语义的情形。这些情形正好也与 Tsai 所介绍的情形相似。例如（147b），其中事件量词用来约束事件变量。

在（144c）和（145）里，动词为达成体动词性质，每个句子中都使用了表示时间持续的短语。根据 Tsai 的说话，这些句子中时制得到锚定。

简单来说，由于"咖"不是一个完成体标记，不能独立使用，这一点与进行体标记"哒$_{进行}$"相似。"咖"和"哒$_{进行}$"位于同一句法位置，一个含有这些成分的句子，但是，在 Asp3 位置上没有任何成分的句子可以通过其他成分而得到修补。在一些情形中，"咖"看起来充当一个完成体标记，事实上，句子中存在用来帮助句子实现时制锚定的成分。

第九节　小结

这一章里，我们聚焦"咖"的句法分布和语义解释。我们首先介绍了两种用来解释"咖"的方法。一种方法认为，"咖"是一个完成体标记，和"哒"的语法性质相同，但是语义上存在差异。另一种方法认为，"咖"是一个广义意义上的扩展性事件界限标记。

但是，我们指出现有的两种方法都不合情理，还有很多的事实无法在现有方法中得到解释。

为了解释"咖"的用法，我们重新分析了"咖"的语义特征。我们指出"咖"总是用在含有终结点的事件中，尽管有时事件终结点可能是暗示性的。"咖"的作用是用来双重表示终结点。

我们采用 Sybesma（2017）关于普通话体的三层次结构方法，认为"咖"位于 Asp2 的位置。其作用是事件终结点具体化：不可能被取消或消除。因此终结点前的动作行为在句法上不可及，不能进入下一步的句法操作，例如不能被表示为进行体形式。

我们还指出，"咖"在内含终结点的事件中具有强制性，这些终结点可能是词汇意义中的（例如达成体动词、状态变化动词），也可以是结构上的（例如"把"字句）。"咖"的句法位置和"哒$_{进行}$"的句法位置相同。它们的作用相反：前者阻止终结点前的动作行为在句法上可及，后者使其成为可能，并且强调其可及性。

在结束本章讨论之前，我们指出，长沙方言中"咖"的相关用法不是一个个案，为此，我们将在第四章介绍其他方言事实（溆浦方言）和普通话来支持我们的相关说法。

第四章　来自溆浦方言和普通话的证据

第一节　引言

在第二章里，我们分析指出，长沙方言里"哒"可以产生两种语义解读。它可以用来表示一个动作已经完成，也可以表示一个动作正在进行。用作完成体标记时，"哒"要么表示动作已经完成，要么表示动作已经截止。具体的意义取决于事件的性质。在一个终结点事件里，"哒"表示动作已经完成，而在一个活动体事件里，"哒"表示动作已经截止。我们还指出，"哒"表示持续体意义时，其实可以看作完成体的用法。而结果状态的持续是语用推理的结果：动作已经完成，但是动作产生的结果状态还保留着。因此实际上"哒"既可以表示完成体也可以表示进行体意义。"哒"的这种用法很奇怪。因为完成体和非完成体是两个语义对立的概念。在许多语言中，这两个意义分别由不同的体标记词来表示。例如普通话完成体标记为"了"，进行体标记为"在"。而在长沙方言里，却由一个词来表示。我们指出，理论上我们有两种选择。一种方法是，我们假设只有一个"哒"，其不同的用法是语境作用的结果。另一种方法是，我们假设有两个不同意义的"哒"，不过恰好词形相同。

而我们也已经指出，单个体标记的方法不可取。主要的理由是我们无法解释在同一个语境里，"哒"可以产生两个不同的意义。而如果采用两个体标记的方法，那么"哒"的多功能用法则可以得到很好的解释。

在这一章里，我们分析溆浦话和普通话中持续体的表示方法。我们已经介绍过普通话持续体的用法，但是这一章里我们提供更详细的讨论，并指出其可以用来支持我们关于长沙方言"哒"的用法。

第二节　溆浦方言以及其体系统

溆浦位于湖南省西北部。溆浦方言属于湘方言区辰溆片。溆浦话的体貌特征可以分为五种类型，分别是：完成体、持续体、进行体、经验体以及起始体（贺凯林，1997）。这些体意义分别由不同的体标记或合成形式来表示。例如，其完成体由"了"（念 lia^{21}）表示。持续体则有"到……在"表示。在这一章里，我们只讨论持续体标记的用法。不过在讨论过程中，我们会在适当的时候涉及进行体和完成体标记的用法。

第三节　溆浦持续体标记"到……在"

溆浦话里"到……在"是一个持续体标记，表示动作在持续进行。此外，人们还使用动词前"在"来表示动作正在进行。见（1）。

(1) a. 我唠到电视在。
　　b. *我唠电视在。
　　c. *我唠到电视。
　　d. 我在唠电视。
(2) a. 门开到（在）。
　　b. 盒子空到（在）。
(3) a. 花红到（在）。
　　b. *张三聪明到在。
(4) a. 张三急到在。
　　b. *张三聪明到在。

在（1）里，"到……在"的合并形式表示动作正在进行。值得说明的是，无论"到"或"在"都不能省略。删略任何一个都会使句子不合语法（见1b, 1c）。例句（1d）使用了动词前"在"，句子表示动作正在进行。"在"在（2）里可以被删除。但是，删除之后会引起句子意义稍微变化。例如，在（2a）里，如果句尾有"在"，句子表示：门是开着的,说话人强调的是门现在的状态:门开着,你看见的。如果没有句尾"在",句子只是一般的描述:某人已经将门打开。说话人说这句话时,只是关心门是否被人打开。(3a)说明,阶段性形容词能够与"到……在"连用,而个体性谓词则不行。这种用法同样适用于心理动词。与阶段性心理谓词连用时,"在"可以省略,而与个体性谓词连用时,合并形式不可接受。

根据上述观察,我们的问题是:

1)在哪种情况下可以使用"到"?

2)如何解释"到"?

3)在什么情况下,"到"可以独立使用,并表示什么意义?在什么情况不可以独立使用,"到……在"合并形式表示什么意义?

在传统的分析中,有两种方法来处理"到……在"。在一种分析里这两个虚词被认为具有不同的语法功能。具体说,"到"表示动作在进行当中,"在"表示动作在持续。并且,"到"和"在"的作用域不同。其中"到"在动词层面,而"在"位于句子层面(瞿建慧,2007)[①]。需要说明的是,瞿建慧(2007)讨论的是泸溪方言中句尾"在",但是由于泸溪和溆浦都属于一个方言片区,因此我们认为其关于泸溪方言的讨论也是适用于溆浦方言。

另一种方法里"到"和"在"的合并形式被当作一个整体看待,其作用可以是表示动作正在进行,也可以是表示状态的持续。但是没有详细解释什么情况下表示动作正在进行或什么情况下表示状态持续。

然而,我们认为上述关于"到……在"的用法还存在一些疑问。例如,贺凯林(1997)没有说明为什么需要使用"到"和"在"的合并形式。因为我们已经看到,有时候"到"完全可以独立使用,而有时候则具有可选性。对这些情况不进行区分,则会忽略二者之间语义上的差异。此外,"到"和"在"所处的句法层面也不相同。因此考虑到这些虚词的用法和分布特点,我们认为,有必要重新认识这些标记的用法。

瞿建慧(2007)的分析面临同样的问题。如果说"到"表示动作进行,而"在"表示状态持续,那么我们并不清楚怎样的情形里需要使用

---

① 瞿建慧:《湖南泸溪方言的助词"在"》,《语文研究》2007年第2期。

"到……在"的合用形式。这是因为在其他情况下，体标记词一般都独立使用，而不需要与其他的词合用。例如完成体标记"了"，或进行体标记"在"等都可以独立使用。见（5）。

（5） a. 我写了 _{念 lia21} 作业。
　　　b. 她在写作业。

在（5a）里，"了"是一个完成体标记，而在（5b）里，"在"是一个进行体标记。这两个标记词可以独立成句。

除此以外，我们认为，将"到……在"单纯看作一个进行体标记也不合适。因为，这样一来，我们将无法区分"在"和"到……在"。而且，将二者简单区分为作用的层面不同也需要进一步考虑。直接的原因是，作者没有说明具体的句法层面。接下来的分析里，我们认为，"到……在"与动词前进行体标记"在"应该区别对待，而不是贺凯林（1997）所认为的那样，后者认为二者之间没有什么区别。

一 ［V+到……在］≠［在+V］

正如我们在本章一开始已经提到的那样，贺凯林（1997）[①] 没有区分"在"和"到……在"之间的差异。她认为，"到……在"合并形式与动词"在"一样用来表示动作正在进行。而瞿建慧（2007）认为，这两个标记应该区分对待。其中动词"在"表示动作正在进行，强调的是动作正在进行的意义。而［V+到/到……在］表示持续进行，强调的是持续意义。

我们在这一节里说明，二者之间不仅语义解释上有差异，在句法分布上，二者之间也有不同。首先，二者在否定结构中的表现不一样。其中"在"能用在带有"冇"（没有）来表示否定的结构里，而"到……在"则不能。

（6） a. 张三冇在唠电视。_{张三没有在看电视。}

[①] 贺凯林：《溆浦方言研究》，湖南教育出版社1999年版。

b. *张三冇唠到电视在。

"在"可以与否定词"冇"（没有）连用，否定一个正在进行中的动作，而"到……在"却不行。因此，如果说这二者用法一致的话，那么在否定结构中也应该一致。例句（6）里的最小比对说明事实并非如此。

其次，我们已经指出尽管二者有时候可以互相替换，而不改变意义［见（7）］，但是这并不能用来说明二者之间没有区别，因为在另一些情况下二者之间并不能互相替换［见（8）—（9）］。

(7) a. 张三在洗衣服。
　　b. 张三洗到衣服在。
(8) a. *门在开。
　　b. 门开到在。
(9) a. *杯子在破。
　　b. 杯子破到（在）。

在（7）里，动词前"在"以及"到……在"都可以使用，句子意义基本相同。(8a)里，"在"不被接受，而例句（8b）里"到……在"则可以。同样，例句（9）里，"到……在"可以接受，而动词前"在"则不可以。仔细的观察发现，（7）里谓词"洗"描写的是一个活动体事件，而（8）里，"开"描写的是一个实现体事件，例句（9）里，"破"是一个达成体动词。"到……在"在例句（7）里，表示动作在持续进行，在例句（8）—（9）则表示结果状态的持续。基于这些考虑，如果说动词"在"和"到……在"之间没有区别的话，例句（7）—（9）里所表现出来的差异就不应该出现。更多例句见（10）。

(10) a. *盒子在空。
　　　b. 盒子空到在。

形容词"空"是一个状态性谓词，用来表示主语的状态，它能与"到……在"兼容，但是不能与动词前进行体标记"在"连用。(10a)和

（10b）的差异说明，我们不应该将动词前进行体标记"在"与"到……在"同等对待。

以上的分析说明，"在"与"到……在"是不同的："在"主要用在活动体中，表示动作正在进行，而"到……在"则分别可以与实现体、达成体动词连用。也就是说，"到……在"既可以表示进行中的动作的持续，也可以用来表示结果状态的持续。

基于以上这些考虑，我们认为溆浦话动词前"在"是普通话进行体标记"在"的变体，用法与其一致。如果这种分析正确的话，那么问题是，动词前"在"与"到……在"二者在表示进行体意义时有何区别？我们把问题的答案留待第三节。在接下来的分析中，我们指出，在"到……在"的合用形式中，我们面对的其实是两个"到"：其中一个表示动作正在进行，而另一个则表示动作已经完成或截止，后者相当于完成体标记"了"。

二 两个"到"

这一节里，我们指出，"到……在"的合并形式中，"到"可以用作一个完成体标记，也可以用作持续体标记。换句话说，有两个"到"。请见（11a）—（11b）。

(11) a. 车子翻到在。
　　　b. 灯亮到在。

例句（11）里动词"翻"和"亮"都是达成体动词。"到……在"可以被接受。显然，我们不应该将其中的"到"看作持续体标记。因为达成体动词的主要特征是缺乏持续性。并且值得注意的是，句尾"在"在这两个句子中都是非强制性的。因此，将"到……在"看作一个持续体标记的看法值得怀疑。事实上，"到"能被完成体标记"了"所替换，也能支持我们的说法。（11a）—（11b）重复于（12a）—（12b）.

(12) a. 车子翻到/了（在）。
　　　b. 灯亮到/了（在）。

在（12a）—（12b）里，"到"和"了"（念 lia^{21}）都可以使用，二者不会引起语义上的变化。值得注意的是在溆浦话里，"了"（念 lia^{21}）是完成体标记，表示动作已经完成或被截止。相当于普通话完成体标记"了"，是后者的变体。因此我们认为，"到……在"的合并形式中，"到"并不总是用作完成体标记。事实上，上述讨论说明，应该有两个"到"：一个表示完成体意义，另一个表示进行体意义。表示完成体意义的"到"与实现体和达成体动词连用表示动作已经完成。与活动体动词连用，表示动作正在进行。不过，与其完成体用法不同，用作进行体标记时不能独立成句，需要与句尾"在"一起合用。对此我们不作深入的讨论。很可能"到"还能与其他形式连用产生进行体意义，而且，我们在第二章对长沙方言句尾"在咯"的说明也可以提供一种思路。我们认为，到目前为止我们的讨论已经足以说明溆浦话里"到"相当于长沙方言"哒"，二者都是多功能性的。既能用作完成体标记，也能用作进行体标记。用作进行体标记时，必须要与"在"等成分连用。

如果到目前为止我们的分析合理的话，我们认为就像长沙方言里"哒"一样，"到"用在句子中，句子能产生持续体意义时，依然可以将"到"看作一个完成体标记，而所谓的持续体意义只是语用推理的结果：动作已经完成，动作发生后所产生的结果依然保留。这是部分动词的本身的特征决定的。

在上述分析基础上，我们认为长沙方言和溆浦话里非完成体和完成体表示方式可以描写为表 4-1（我们暂时忽略动词前进行体标记的用法）。

表 4-1　　长沙方言和溆浦话里非完成体和完成体的表示方式

	长沙	溆浦
完成体	哒$_{完成}$	到$_{完成}$、了
非完成	哒$_{进行}$……在咯	到$_{进行}$……在

表 4-1 说明，溆浦话里，完成体标记"到$_{完成}$"与长沙方言里完成体标记"哒$_{完成}$"对应，而进行体标记"到$_{进行}$"在对应于"哒$_{进行}$……在咯"。不同的是，溆浦话里有两个完成体标记"了"（lia^{21}）和"到"，而长沙方言则只有一个，即"哒"。如果我们关于溆浦的分析正确的话，我们认为它可以用来支持我们关于长沙方言的分析。

三 小结

上述讨论里，我们分析了溆浦方言中非完成体的表示方式。我们首先指出动词前"在"以及合并形式"到……在"里的"在"并不是传统文献所认为的那样。我们认为动词前"在"为进行体标记，而"到……在"合用形式在不同语境里的作用不同。它不仅能表示动作正在进行，还表示结果状态的持续。我们还指出，在活动体动词所表示的句子里，合并式必须使用，不能省略。在实现体和达成体所表示的句子里，合并式中的"在"则可以省略。另外，我们认为合并式中的"到"应该区分为表示完成体形式和进行体形式两种，而表示结果状态的持续用法则是完成体用法推理的结果：动作已经完成，所产生的结果还保留着。这是由一些特殊的动词所决定的，例如姿势类、穿着类等。根据溆浦话"到"和长沙方言里"哒"的相似特点，我们认为溆浦话中"到……在"的合用式可以用来支持我们在第二章里关于"哒"的分析。接下来，我们继续提供事实来指出我们的分析。其中包括汉代普通话事实以及一些历史文献。我们将指出长沙方言"哒"是普通话"着"的变体形式。

第四节 普通话"着"

在第一章，我们介绍了"在"和"着"的用法。我们指出这两个成分都是普通话非完成体标记。不过，二者在动态性特征上有所区别。具体说，"在"是进行体标记，而"着"被认为是一个持续体标记，表示结果状态的持续。我们还在 Tsai（2008）基础上指出，"在"位于外部体位置，而"着"位于中间体位置。"在"可以独立成句，而"着"则不行。"着"低于轻动词位置，句法过程中无法像"在"一样上移到时制中心语位置，以形成词汇形式来实现时制锚定从而允准事件论元。因此句子需要利用其他成分来允准事件论元。

但是，上述讨论并不是事实的全部。这一节里，我们将提供更多关于"着"的用法。我们将指出"着"并不应该一律看作一个持续体标记。事实上"着"应该进一步为"着$_{完成}$"和"着$_{进行}$"，而当"着"在一些特定语境中产生持续体意义则同样是在其完成体用法基础上语用推理的结果。

一 "着$_{完成/进行}$"还是"着$_{持续/进行}$"?

我们先从"着"的用法开始讨论,例句(13)说明有时候"着"用来表示动作正在进行,有时候用来表示结果状态的持续。

(13) a. 他不停地说着。
　　　b. 他轻轻地敲着门。
　　　c. 你不用站着。
　　　d. 墙上挂着一幅画。

在(13a)—(13b)里,"着"表示动作正在进行,而(13c)—(13d)里,"着"表示结果状态的持续。为了解释"着"的这种语义歧义,现有文献中大致有两种方法。一种方法认为,"着"是一个静态的持续体标记(Li 和 Thompson,1981[①]),而 Yeh(1993)[②] 则认为,"着"只与阶段性谓词连用,后者表示一种状态的变化(Yeh,1993:86)。Smith(1997)则认为,"着"的基本意义是表示持续以及稳定的状态而不表示终结点(Smith,1997:273)。

另一种方法则认为,"着"本身能表示两种意义。它可以表示动作正在进行,也可以表示结果状态的持续(朱德熙,1984;刘勋宁,1985[③];陆俭明,1999;陈平,1988 等)。

陆俭明(1999)认为,"着"表示动作正在进行或结果状态的持续。他认为,"着"用作进行体标记时,可以进一步区分为,表示动态性质的持续(见 13a)或表示动作的重复(见 13b)。同理,表示状态的持续时,也可以区分为两种:一种表示姿势的持续,另一种表示结果状态的持续。

[①] Li Charles N. & Sandra A. Thompson, Mandarin Chinese: A functional Reference Grammar, University of California Press, 1981.

[②] Yeh, Meng. "The Stative Situation and the Imperfective Zhe in Mandarin", *Journal Chinese Language Teachers Association*. 1993, 69-98.

[③] 刘勋宁:《现代汉语句尾"了"的来源》,《方言》1985 年第 1 期。

坚持这一思想的还有郭锐（1993）①，他认为，"着"应该区分为着_{持续}和着_{进行}。

对（13）中例句的仔细观察，我们注意到，"着"不仅表示结果状态的持续（13c）——（13d），还能表示动作正在进行（13a）——（13b），因此上述第二种方法似乎更合理。即，"着"应该区分为"着_{持续}"和"着_{进行}"。前者表示结果状态的持续，后者表示动作正在进行。

但是，尽管如此，还是有一些问题值得思考。首先，如果"着"和"在"都是非完成体标记，为什么"着"不能独立成句，而"在"却可以（同时参见 Tsai 2008）。在第一章和第二章里，我们分别介绍了 Tsai（2008）关于"着"的用法。在这里我们简单重复其关于"着"的观察。Tsai（2008）注意到使用"着"的时候，句子往往需要其他的成分来实现他所说的时制锚定。例句（14）——（15）曾出现在第二章里，为方便起见，我们重复于此。根据原文，符号%表示句子不完整。

(14) a. %阿 Q 跑着。
　　 b. 阿 Q 在跑。
(15) a. %阿 Q 哭着。
　　 b. 阿 Q 在哭。

Tsai（2008）观察到"着"不能独立成句（14a）——（15a），而同样情况下，"在"却可以（14b）——（15b）。他认为造成不完句的原因在于"着"的句法位置。他认为，"着"位于中间体位置，低于功能语轻动词，而"在"位于外部体位置，高于轻动词。"着"不能上移与时制语合并，使得时制变量没有受到约束。因此句子需要其他成分来实现事件论元的允准。根据 Tsai（2008）的说法，事件量词、从句、存现算子等都可以用来允准事件论元。"着"的这种特征与"在"明显不同。除 Tsai 所观察到的语境以外，我们还观察到，句子中含有句尾"呢"或方式副词时，"着"也能用来表示动作正在进行中，见（16）。

---

① 郭锐：《汉语动词的过程结构》，《中国语文》1993 年第 6 期。

(16) a. 张三飞快地跑着。
    b. 张三跑着呢。

上述说明，"着"可以用作进行体标记，表示动作正在进行。但是"着"与"在"不一样。"在"可以单独成句，而"着"不行。具体说，当"着"用作进行体标记时，句子需要利用其他成分以实现事件论元的允准。因此，如果"着"和"在"都被看作非完成体标记的话，我们无法解释这二者之间的差异。

其次，我们也无法解释为什么只是在当"着"用作进行体标记时，句子才需要其他成分的帮助，而当其用作持续体意义时却不需要。具体例句见（17）。

(17) 张三穿着一件新外套。

在（17）当中，"着"表示结果状态的持续而不需要其他的成分。

最后，如果将"着"一律看作一个持续体标记，为什么它只用在表示结果状态的持续和姿势类动词所表示的事件中？与"姿势类"动词连用时，"着"总是被看作一个静态标记。但事实上，"姿势类"动词是否表示动态或静态存在分歧。Dowty（1979）[①] 指出，如果"姿势类"动词的主语是动作发出者，那么应该将它们看作动态动词。如果是这样的话，我们认为将"着"一律看作静态标记的看法就值得商榷。Kratzer（1995）[②] 提出，能被方式副词修饰的动词就是动态动词。根据这一思想，我们认为（18）能用来说明"着"在姿势类动词所表示的事件里不一定表示静态。

(18) a. 他在那儿坐着。
    b. 他安安静静地在那儿坐着。

[①] Dowty David, *Word Meaning and Montague Grammar*, Dordrecht: D. Reidel Publishing Company, 1979.

[②] Kratzer Angelika, "Stage-level and Individual-level Predicates", In Gregory N Carson and Freansis Jeffry Pelletier（eds）*The Generic Book*, USA: The University of Chicago Press, 1995.

根据这些考虑，我们将提出，"着"应该区分为"着_{完成}"和"着_{进行}"两个标记形式。具体说，结果状态中"着"是完成体标记，持续意义的解释是其用作完成体标记推导的结果。而其他情形里，"着"被用作一个进行体标记，表示动作正在进行。在下面的分析中，我们首先说明，"着"在结果状态中可以看作一个完成体标记；然后，我们指出用作完成体标记时，"着"与另一个完成体标记"了"的差异，以及"着_{进行}"与动词前进行体标记"在"的区别。

二 "着"在结果状态中表示完成体标记

传统文献中普遍认为，"着"是一个持续体标记。其作用是表示结果状态的持续（Smith，1997[1]；Yeh，1993[2]；Lin J. W.，2003[3]；Tsai，2008）等）。Smith（1997）认为，"着"表示一个结果状态。它强调位置以及姿势的状态，以及其他由事件发生所产生的结果（Smith，1997：273）。（19）选自 Smith（1997：273）。

（19）a. 墙上挂着几张画儿。
     b. 他在床上躺着。
     c. 门上写着四个字。

Smith（1997：273）提出，（19）所表示的状态都是结果状态。"着"在句中表示事件发生后的时间段（结果状态）。

我们已经介绍过 Tsai（2008），他认为"着"与句法意义上的时制锚定密切相关。而时制锚定是事件变量受约束的过程。根据 Tsai（2008），表示结果意义的句子可以看作一个存现结构。例如，（20a）可以改写成（20b）。

---

[1] Smith Carlota S, *The Parameter of Aspect*, Dordrecht：Kluwer Academic Publishers, 1997.

[2] Yeh, Meng, "The Stative Situation and the Imperfective Zhe in Mandarin", *Journal Chinese Language Teachers Association*. 1993, 69-98.

[3] Lin Jo-wang, "Temporal reference in Mandarin Chinese", *Journal of East Asian Linguistics*, 2003, 259-311.

(20) a. 墙上挂着一幅画。
b. 墙上有一幅画挂着。

但是，这种处理方式对于穿着类和姿势类动词而言依然值得商榷。因为，我们很难说这种分析可以延伸到（21）。

(21) 张三穿着一件新外套。
（i）张三穿着一件新外套。
（ii）*张三正在穿一件新外套。

有意思的是，Lin J. W.（2003）认为，"着"的用法可以根据其补语特征统一起来。具体说，"着"选择一个非终结点动词作补语。例如，在 Lin J. W. 看来，（21）就是一个非终结点事件。Lin J. W. 认为（21）是一个方位主语倒置的现象，相当于说"某人把一件新外套穿在张三身上"。方位主语倒置表示一个状态，强调的是存在意义，描写的是一个非终结点事件，这就是为什么可以使用"着"。

但是我们认为，这个解释很难成立。首先，我们难以将"穿衣服""拿书"理解为非终结点事件。其次，如果说（21）表示一个非终结点事件，我们无法解释为什么第二种解释无法成立。最后，我们也很难说（22）表示存现情形。主要原因是（22）只能产生一个有定的语义解释。

(22) 门开着。

当说话者说出（22）时，句子中的主语"门"一定是一个有定的概念。

正如 Tsai（2008）所指出来的那样，"着"一般都不能独立成句，"着"所在的句子往往需要其他成分来使句子完整。事实上，除了这些观察以外，我们还注意到，一定语境下"着"能与终结点动词连用。例如，如果使用方式副词或句尾"呢"修饰动作，那么"着"可以出现在终结点事件中表示正在进行的动作。

(23) a. 张三大声地读着那首诗歌。
　　 b. 张三正读着一本小说呢。
　　 c. 张三开着门呢。

例句（23）所表示的事件都是终结点事件，"着"用在这些句子里，表示动作正在进行。如果说"着"选择一个非终结点事件，那么（23）的情形将无法解释。

Cheng（1988）[1]指出，"着"表示一个状态的持续，但是产生该状态的动作必须先完成。也就是说，"着"表示事件的终结点（Cheng 1988：74）。例如（24）里，李四在抱着衣服前，必须完成了抱起衣服来的动作。（24）选自 Cheng（1988：74）。

(24) 李四把脏衣服抱着。

持类似看法的还有 Zhou（1998）[2]。他认为，（25）里，"着"不能看作非完成体标记。（25）选自 Sun（1998：157）。

(25) a. 这个茶，你喝着怎么样？
　　 b. 你听着！

根据 Zhou（1998）的说法，"着"在（25a）里，表示当前的相关性，即喝茶这个事件与话语时间之间的关联。（25b）里，"着"也不能理解为进行体标记。因为听话者并不是在听，"着"表示听这个状态的开始。并且，Zhou 还提出，"着"的变体往往用作完成体标记，尽管其用作完成体标记的用法在普通话中受限（Zhou，1998：157）。

Smith（1997）认为"着"有表示潜在变化的作用，表示永久状态的动词不能与"着"连用。Yeh（1993）提出，"着"与阶段性谓词连用，

---

[1] Cheng Lisa, "Aspects of the Ba-Construction" in C. Tenny (ed.) *Studies in Generative Approaches to Aspect*, *Lexicon Project*, Working Papers 24, MIT. Cambridge, 1988.

[2] Zhou, Minglang, "Tense/Aspect Markers in Mandarin and Xiang Dialects, and Their Contact", Sino-Platonic Papers number 83, 1998.

如，"悲伤""害怕""忙"等，"着"不能与个体性谓词利用。例如，"像""聪明"等。他还指出，重要的是"着"能与结果状态以及阶段性谓词连用可以说明"着"具有表示变化的特征，比如"他正忙着"中，主语从不忙变到忙的状态。Smith（1997）和 Yeh（1993）都将"着"看作状态性质的持续体标记。但是我们认为，对于那些"着"表示状态的动词来说，都必须是先发生某个变化。这个变化的意义由"着"来表示。从这个意义上来说，"着"最好看作一个完成体标记。

实际上将"着"看作一个完成体标记也不是没有可能。其中一个支持我们的论据是，"着"和完成体标记"了$_1$"可以在句子中互相替换，而不改变句子意义。见（26）。

(26) a. 桌子上放着/了一本书。
b. 他穿着/了一件大衣。
c. 门口站着/了很多人。

在（26）里，"着"可以与"了"互相替换。句子所产生的时间意义并没有受到影响。

简言之，我们认为，"着"在某些事件里应该看作一个完成体标记，而不是持续体标记。句子所产生的状态持续的意义可以看作动作完成后结果状态保留的结果：动作已经发生，而动作所产生的结果还保留着。我们假定这种现象是这些动作的特征：动作发生后，产生一定结果。这些动词包括："放置""拿""姿势"以及"依附"类等。而动词例如，"做""看""打"等则没有这样的特征。既然我们已经观察到结果意义是动词意义的一部分，我们认为提出动作完成后结果意义仍然保留是完成可以理解的。

我们提出普通话有两个表示完成意义的体标记："着$_{完成}$"和"了"，同时也具有两个进行体意义的标记："着$_{进行}$"和"在"。如果是这样的话，问题是，"着"用作完成体标记时有何特点？"着$_{完成}$"和"了"有何区别？接下来的分析中，我们着重讨论"着$_{完成}$"。我们已经分析了表示进行体意义时，"着$_{进行}$"和"在"的区别。但是为了比较，我们依然会在讨论过程中提到它们。

三 "了"/"着_{完成}"

在这一节里，我们提出用作完成体标记时，"着_{完成}"比"了"受到更多的局限。它只用在一些带有结果的动词后面，不能用在那些表示动作行为的动词后面。而"了"则没有受到这些限制。我们比较（27a）和（27b）。"着"在（27a）里只能表示动作正在进行，而在（27b）里，它既能表示动作正在进行，也能表示动作已经结束。

（27） a. 他在那儿哭着_{进行}/了。
　　　 b. 他在墙上贴着_{进行}/了照片。

"着"在（27a）用作进行体标记，而在（27b）里则能产生两种意义。可以表示动作已经完成，也可以表示动作正在进行。当理解为完成体标记时，它可以与"了"替换。

与"着"的用法相比，关于"在"的争议相对较少。Li 和 Tompson（1981：217）[1]认为，只有活动体动词才能与"在"连用。在 Li 和 Tompson（1981：217）基础上，Smith（1997）[2]提出，"在"表示持续状态的时间段，而且将动作和事件联系起来（Smith, 1997：273）。但是，Wu（2004）[3]认为，Smith 的归纳没有认识到"在"的一个特点："在"表示事件在某个时间点发生，而"着"表示的事件持续时间比时间点更长（P. 320）。（28）—（29）选自 Wu（2004：320）。

（28） a. *昨天下午5点看着电视。
　　　 b. 他昨天下午5点在看电视。
（29） a. 他整个早上看着电视。
　　　 b. *他整个早上在看电视。

---

[1]　Li Charles N. and Sandra A. Thompson, *Mandarin Chinese: A functional Reference Grammar*, University of California Press, 1981.

[2]　Smith Carlota S, The Parameter of Aspect, Dordrecht: Kluwer Academic Publishers, 1997.

[3]　Wu Zoe, "A Minimalist Approach to Re-grammaticalization of Morphology: Chinese Verbal-le as Aspect and Tense", *Linguistic Variation Year Book* 4, 2004, 261-297.

例句（28a）和（29a）表明，"着"与时间段副词兼容，而不与时间点副词兼容。(28b)—（29b）表示，"在"只能与时间点副词兼容，而不能与时间段副词兼容（Wu 2004：319）。

根据以上 Tsai（2008）以及 Wu（2004：319）① 的看法，我们提出尽管二者都用来表示动作正在进行，"着_进行_"和"在"的差异不仅在语义上，在句法上也有所不同。具体说，"在"位于外部体位置，而"着_进行_"则位于轻动词以内位置（也就是 Tsai 所说的中间体位置）。

在以上的分析里，我们提出"着"用来表示结果状态的作用可以看作其用作完成体标记的结果，结果状态的持续只是结果状态的保留。后者是动词语义的一部分。因此，我们认为应该区分"着_进行_"和"着_完成_"而不是传统意义上的"着_进行_"和"着_持续_"。"着_完成_"用在带有结果状态意义的动词后面，表示动作已经完成。这一点与"了"不同。后者可以用在各种类型的事件性动词后面。用来表示动作正在进行时，"着_进行_"与"在"不同，其所在的句子需要其他成分来使句子实现时制锚定（Tsai 2008）。

根据上述分析，我们在第三节里所提出的问题就得到解决："着_进行_"位于轻动词以下位置，因此不能上移来帮助句子实现时制锚定，这就是为什么它不能独立成句。而在带有结果状态的动词后面，"着"可以用作完成体标记。由于状态动词一般不能用在完成体事件里，这可以解释为什么"着"不能与其他状态动词连用。在姿势类动词所表示的事件里，如果句子主语是动作的发出者，"着"可以用作进行体，而如果主语不是动作发出者的话，"着"可以用来表示动作已经完成，句子产生结果状态的持续的意义。

第五节 "哒"和"着"

这一节里，我们将进一步指出，上述关于普通话"着_完成_"和"着_进行_"的假设与长沙方言"哒_完成_"和"哒_进行_"可以相提并论。不同的

---

① Wu Zoe, "A Minimalist Approach to Re-grammaticalization of Morphology: Chinese Verbal-le as Aspect and Tense", Linguistic Variation Year Book 4, 2004, 261-297.

是，普通话中有"着_完成"和"了"两种表示动作完成的标记形式，而长沙方言中只有一个词"哒"。长沙方言里没有"着"和"了"的形式。见（30）—（33）。

(30) a. 桌子上放着/了一本书。　　（普通话）
　　 b. 桌子上放哒一本书。　　　（长沙方言）
(31) a. 他们在那里盖着/了楼房。（普通话）
　　 b. 他们在那里盖哒楼房。　（长沙方言）
(32) a. 张三很不情愿地洗着/了衣服。（普通话）
　　 b. 张三很不情愿地洗哒衣服。　　（长沙方言）
(33) a. 他们在说着_进行话。（普通话）
　　 b. 他们在讲哒_进行话。（长沙方言）

例句（30）里使用了放置类动词"放"，普通话里"着"和"了"可以替换，而不改变句子意义。而在长沙方言里则只使用"哒"。在（31）里，句子被地点状语修饰；（32）里，句子受方式副词修饰。两种情况下，普通话里"着"和"了"可以替换；同样的情形里，长沙方言里只使用"哒"。长沙方言里，"哒"既用来表示动作完成，也可以用来表示动作正在进行。（33）中，只能使用"着"，句子只有一种语义解释，表示动作正在进行。而同样情形里长沙方言也只有一个这样的解释，后者由"哒"来表示。

总而言之，上述分析中我们指出，普通话里可以用"着_完成/了"的地方，长沙方言使用"哒_完成"；而普通话使用"着_进行"的地方，长沙方言使用"哒_进行"。普通话和长沙方言中完成体和进行体的表示方法列表为表4-2。

表 4-2　　普通话和长沙方言中完成体和进行体的表示方法

方言	完成体	进行体
长沙	哒	在/哒
普通话	着/了	在/哒

如果到目前为止，我们的分析正确的话，我们认为普通话里"着"

的用法也可以用来支持我们关于长沙方言里"哒"的分析。在接下来的分析里,我们指出普通话体标记"着"的变体形式之间的历史关系也可以用来进一步支持上述分析。

第六节 "着"与"哒"之间的历史关系

这一节里,我们将视角转向"着"和"哒"的历史发展,以及长沙方言和普通话之间的关系。我们将说明本书所提出的分析能得到两者之间的历史关系的支持。

一 "着"的历史发展

Sun(1998)[①] 对"着"在现代汉语中的不同变体以及历史文献中的用法进行观察,提出,"着"用作非完成体标记的用法源于古汉语中表方向意义的用法。在 Heine et al.(1991)[②], Bybee et al.(1994)[③] 基础上,Sun 认为"着"经历了跨语境的抽象,即表示时间意义的标记词往往由表示方位意义的成分演变而来。Sun 提出"着"的发展路径如下:"着"在古汉语时用在方位动词后面,然后发展成为表示结果状态意义,其他的体意义可能来自语境触发的语义变化(Sun,1998:153)。

根据 Sun 的说法,由方位动词到强调结果状态的非完成体标记的语义变化能够从现代汉语事实中得到解释。(34)选自 Sun(1998:160)。

(34) a. 走下去!
　　　b. 说下去!

[①] Zhou, Minglang, "Tense/Aspect Markers in Mandarin and Xiang Dialects, and Their Contact", Sino-Platonic Papers number 83, 1998.

[②] Heine Bernd, Ulrike Caudi, and Friederike Hünnemeyer, *Grammaticalization: a Conceptual Framework*, Chicago and London: University of Chicago Press, 1991.

[③] Bybee Joan, Perkins Revere and Pagliuca William, The Evolution of Grammar: Tense, Aspect, and Modality in the Languages of the World. Chicago: The University of Chicago Press, 1994.

Sun 指出，(34a) 里的方向性意义很强。但是在 (34b) 中"说"这样的动词后面，其方向性意义减弱，更多的是比喻用法。也就是说，(34b) 里"下去"的意义已经发生变化，不再表示方向。

Sun 同时指出，"着"在其变体用来表示体意义的变体中是一个特例。这种现象在现代汉语不同方言里完成体和非完成体意义的变化中观察出来。(35) 是 (25) 的重复。

(35) a. 这个茶，你喝着怎么样？
    b. 你听着！

例句 (35a) 里，"着"表示与现时的一种相关性。也就是说，喝茶这个事件与话语时间之间的存在关联。Sun 认为"着"在这个句子里可以与现代普通话"起来"相提并论。具体例句见 (36)，(36) 所表达的意义与 (35a) 大致相同。"着"在 (35b) 里表示"听"的状态已经开始。

(36) 这个茶，你喝起来怎么样？

Sun 认为"着"的变体可以用作完成体标记这一用法也能从其他方言例如湘、闽以及吴语中观察出来。另外，我们也能从古汉语文献中找到证据。"着"的历史发展轨迹可以表示为 (37)，(37) 选自 Sun (1998: 171)。

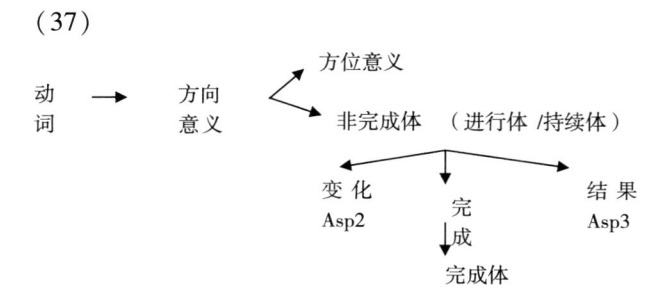

(37)

动词 → 方向意义 → 方位意义
              ↘ 非完成体（进行体/持续体）
                 ↙ ↓ ↘
         变化 完成 结果
         Asp2 ↓ Asp3
              完成体

二 "哒"的历史发展

Sun（1998）①认为"哒"是"着"的一个变体，还认为湘语"哒"可以用来表示完成体或完成时意义。（38）—（39）选自 Sun（1998：157）。

(38) 打哒电话就回去。
(39) 吃哒饭哒。

Sun 认为"哒"用作完成体意义的用法来自其用作完成时的用法。后者可能来自中世纪汉语动词后表示动作方向或方位意义的词。他还认为，(40) 里，"哒"很可能来自"着"，在普通话中可以翻译为"下去"。因此 (40a) 可以翻译成"坐下来吃"，(40b) 可以翻译成"留下来"。

(40) a. 坐哒吃。
b. 他留哒几块钱在咯里。

根据 Sun（1998）的方法，例句（40b）里，"哒"相当于（40a）里的"哒"，都表示方向性意义。同样，也可以翻译为普通话中的"下去"。见（41）。

(41) 他留下（来）几块钱在这里。

我们认同 Sun 的观察，而且认为例句（42）可以作进一步说明。"哒"在这些句子里与其在（40）中作用相同。我们同样可以将它们翻译成普通话"起来"。例如"拿起来/捡起来"。

(42) a. 他拿哒本书。

---

① Sun Chaofen, Aspect Categories That Overlap: A Historical and Dialectal Perspective of the Chinese *Zhe*. *Journal of East Asian Linguistics*. 1998, 2, 153-174.

b. 他扶哒一个老人。

　　Sun（1998：169）提出"着"的语法路径以及其在长沙方言里的变体可以概括为表4-3。另外，Sun还讨论了其他方言的情况。我们在这里予以忽略。

表 4-3　　"着"的语法路径以及其在长沙方言里的变体

	普通话"着"	长沙方言"哒"
方位	(+)	−
方向	+	+
进行体	+	−
非完成体	+	+
变化	(+)	+
完成时	(+)	+
完成体	(+)	+

　　表4-3表明，除了表示进行和方位这两个意义的用法之外，"哒"在长沙方言里似乎经历了"着"在普通话中的发展路径。不过事实上，我们认为Sun关于"哒"的用法的归纳还不够全面。因为我们在第二章已经指出，长沙方言里"哒"实际上能用来表示方位和进行意义。这一点在其他文献中也有记载，例如Wu（1999）、李荣明（1991）、卢小群（2007）等。我已经在第二章里介绍了例句（43）—（44）。为方便起见，我们仍然重复如下。

（43）a. 他住哒上海。
　　　b. 他住哒娘屋里。
（44）我们正讲哒话。

　　例句（43）中，"哒"表示方位，而（44）里，"哒"在传统文献被理解为进行/持续体标记（Wu，1999；李荣明，1991；卢小群，2007），我们倾向于认为（44）里"哒"只表示动作正在进行。

　　从"哒"的历史发展来看，Wu（1999）与Sun（1998）的观点不同。

Wu（1999）认为，"哒"源自"得"，表示"得到""获得"。Wu 的分析如下。"了"的用法出现以前，"解"表示"送走""拿走"以及"得"表示"得到""获得"。"哒"和"得"这两个具有对比意义的词在宋和元朝用作体标记。后来，"了"和"着"的用法得到扩展，"解"和"得"逐渐退出现代普通话用法。到 18 世纪已经不再用做体标记。后来，表示"完成"的动词"了"（念 liǎu）发展为体标记用法，取代了现代普通话中的一些体标记词。而长沙方言里体标记的发展有所不同。具体说，"咖"（相当于"解"）和"哒"之间的用法没有得到扩展。只有"哒"相当于"得"的用法得到发展。而"了"用作完成体标记的用法的发展路径没有在长沙方言里出现。Wu 认为"在湘语里，尽管少数地方已经将'了'用作完成体标记，可以看作一个外来词，而不是在本土语言内部发展的结果（Wu，1999：225）"。

　　本书里，关于"着"的用法我们主要支持 Sun（1998）的分析。我们认为"哒"是"着"的一个变体。首先，Sun（1998）的分析建立在跨方言的基础上，例如湘语、吴语、闽南语以及一些历史语篇。我们的考虑是如果一个现象的路径分析正确的话，应该可以在其他语言中找到支持。而 Sun 关于湘语、吴语、闽南语等语言事实说明他关于"着"和"哒"之间的关系分析应该是正确的。

　　其次，Sun 的分析也获得跨语言的支持。跨语言研究表明方位成分和进行意义之间存在密切的关系。例如，Heine et al.（1991：36）[①]观察，荷兰语里表示方位的词 *aan* 被用作进行体标记。

(45) Ik　　ben　　aan　　het　　eten.
　　 1sg　 am　　 at　　 the　　eat
　　'I am eating.'
　　'我在吃饭。'

　　最后，我们认为 Sun 的分析为"着"和"哒"语义叠合现象提供了

[①] Heine Bernd, Ulrike Caudi, and Friederike Hünnemeyer, *Grammaticalization: a Conceptual Framework*, Chicago and London: University of Chicago Press, 1991.

合理的看法。相比之下，Wu（1999）① 关于"哒"的分析很难解释为什么"哒"可以用来表示动作已经完成，也可以表示动作正在进行。事实上，Wu 没有对"哒"的多功能现象做出分析。

基于以上考虑，我们认同 Sun 的分析，并认为"哒"是"着"的变体。"着"已经经历了由表示方位的意义到非完成体标记再到完成体标记的演变。而在长沙方言里，我们所看到的是"着"的残存形式。这样说不是没有根据。现有文献大多认为长沙方言保留了古汉语很多特征。

简言之，我们已经介绍了普通话和长沙方言里非完成体形式的发展路径以及两者之间的历史关系。在 Sun（1998）的基础上，我们指出"着"用作体标记来自其用作方位词以及后来演变为非完成体标记的用法。但是，与 Sun 不同，我们认为"着"也能用来表示动作完成，不过这一用法主要出现在结果动词或相关谓词后面。我们还根据 Sun（1998）指出，"哒"是"着"的一个变体。我们的分析表明，"着$_{完成}$"和"着$_{进行}$"与长沙方言"哒$_{完成}$"和"哒$_{进行}$"对应。但是，长沙方言和普通话不同，普通话里完成体标记"了"的发展没有出现（同时参见 Wu，1999）。因此，"哒"实现"着"和"了"两个词的功能。

第七节 小结

这一章里，我们先分析了溆浦话和普通话非完成体的用法。与传统观点不同，我们认为"到……在"不能笼统看作一个进行/持续体标记，而应该区分"到$_{完成}$"和"到$_{进行}$"。"到$_{完成}$"可以独立使用，表示动作已经完成；而"到$_{进行}$"不能独立成句。使用"到$_{进行}$"时，它需要与句尾"在"合并。这与长沙方言里句尾"在"的用法相似。"到"与长沙方言里"哒"的用法相似。就像我们应该区分"哒$_{完成}$"与"哒$_{进行}$"一样，我们也应该区分"到$_{完成}$"和"到$_{进行}$"。我们还指出关于溆浦话的"到……在"的分析可以延伸到普通话"着"。我们提出同样存在"着$_{完成}$"和"着$_{进行}$"。用作完成体标记时，"着"用在可以表示结果的动

---

① Wu Yunji, The Development of Aspectual Systems in the Chinese-Xiang Dialects, Paris, CRLAO, 1999.

词后面。而用来表示进行意义时,"着_{进行}"所在的句子需要其他成分的允准。简单起见,这三门语言之间用来表示完成体和进行体意义的方法列表为表4-4。其中,α表示该成分可以用来帮助句子实现时制定位。比如,长沙方言或溆浦话里句尾"在"。

表 4-4　　长沙方言、溆浦方言和普通话完成体和进行体

体标记	长沙方言	溆浦话	普通话
完成体	哒_{完成}	到_{完成}/了	着_{完成}/了
进行体	哒_{进行}……α	到_{进行g}……α	着_{进行}……α

表4-4说明,长沙方言和溆浦话、普通话不同,长沙方言里完成体和非完成体都由"哒"表示,而在其他两门语言里,则分别由不同的标记表示。在溆浦话里完成体由"到_{完成}"和"了"表示,普通话里则用"着_{完成}"和"了"表示。与"哒_{进行}"对应的分别是"到_{进行}"和"着_{进行}"。

第五章　结语

在本书里，我们分析了湘语长沙方言的体貌系统的句法形态特征。我们指出了湘语体貌系统中两个突出的特征：其中一个特征是体标记词经常合用；另一个特征是一个体标记特征用来表示不同的意义。我们主要关注长沙方言里两个标记词的用法："咖"和"哒"，以及它们的合并形式"咖哒"的用法。这一章里，我们回顾本书中的主要观点。第一节，我们回顾"咖"的句法分布以及语义特征。第二节，我们回顾"哒"的句法分布以及语义特征。第三节，我们回顾关于溆浦话里"到……在"以及普通话中"着"的用法。第四节，我们回到长沙方言体貌系统。第五节是本章的结语部分，我们指出本书提出的方法对于普通话及其他方言体貌系统研究的意义。

第一节　"咖"的句法和语义特征

本书中，我们考察了长沙方言里，"咖"的句法和语义解释。我们观察到"咖"的用法相比于"哒"来说，局限性很大，尽管传统文献将二者看作完成体标记。我们发现，"咖"和"哒"不仅语义不同，分布上也有很大差异。"咖"和"哒"的使用情况见表5-1。

表 5-1　　　　　　　　"咖"和"哒"的使用情况

	语境			
1	活动体	哒	*咖	咖哒
2	活动体+动量词/持续性副词	哒	咖	咖哒
3	实现体+有定宾语	哒	*咖	咖哒
4	实现体+数量宾语	哒	咖	咖哒
5	达成体	*哒	*咖	咖哒

	语境			
6	状态变化动词	*哒	*咖	咖哒
7	"把"字句	*哒	*咖	咖哒

表 5-1 中可以看出,"咖"和"哒"之间的差异在于:"咖"表示给事件提供一个终结点,而"哒"表示事件已经截止或完成。我们提出,"咖"不应该看作一个完成体标记。我们认为"咖"和"哒"分别作用于不同的句法层面。其中"咖"位于内部体层面,是内部体标记。而"哒"则是外部体标记。"咖"的作用是用来给事件的体特征赋值,而"哒"的作用则是用来将事件表示为一个整体(Smith, 1997)。"哒"能用来表示事件已经完成或截止。在 Borer(2005b)[①]、Travis(2010)[②] 和 Sybesma(2011)基础上,我们提出,长沙方言体貌系统呈现出三层次结构,表示为(1):

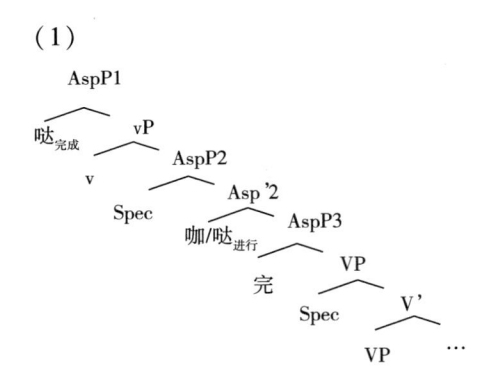

(1) [树状图：AspP1 — 哒完成, vP — v, AspP2 — Spec, Asp'2 — 咖/哒进行, AspP3 — 完, VP — Spec, V' — VP, ...]

(2) 我写完咖哒作业。我写完了作业

树状图(1)表示体有三层结构:Asp1 是 Travis(2010)意义上的外部体,Asp2 是 Travis(2010)、Borer(2005b)意义上的内部体,而 Asp3 则是词汇意义上的终结点特征的表现。根据我们的分析,(2)可以这样

---

① Borer Hagit, *Structuring Sense*, *Volume* 2: *The normal course of events*, Oxford: Oxford University Press, 2005b.

② Travis Lisa, Inner Aspect: the Articulation of VP, Springer, 2010.

解释：在句法推导过程中，"咖"用来给句子的内部体特征赋值，使句子获得动作完成的意义，没有"咖"，句子可能只是表示动作已经截止。

第二节 "哒_完成"和"哒_进行"

长沙方言体貌系统一个重要的特征是，一个体标记词可以用来表示多个意义。例如，"哒"可以用来表示动作已经被截止，也可以用来表示正在进行或表示动作结果状态的持续。这两个语义的变化随语境发生。具体说，我们观察到"哒"的完成体用法主要出现在非状态性情状里，句子不需要任何外加条件。而如果"哒"用来表示进行体意义时，句子则需要外加条件才能成句。"哒"在结果状态动词后面表示状态的持续（我们后来的分析指出这可以统一为"哒"作为完成体的用法）。为了了解"哒"用作进行体标记的条件，我们考察了进行体意义出现的语境特征。见（3a）—（3d）。

(3) 哒_进行 的语境
    a. 方式/工具等副词
    b. 在咯+动词+哒
    c. 动词+哒+在咯
    d. 否定+动词+哒

在（3a）—（3d）当中，"哒"可以是一个进行体标记。为了解释"哒"既能用作进行体标记，也能用作完成体标记的用法，我们首先尝试提出"哒"是一个完成体标记，而进行体意义或持续体意义都是语境作用的结果，但是这个方法并不成功。然后，我们提出应该区分两个"哒"：

"哒_完成"表示动作已经完成，而"哒_进行"则表示动作正在进行。而持续意义则是其用作完成体标记推导出来的结果：动作已经结束，动作所产生的结果还保留，这是某些动词，例如"穿着""姿势""放置"类等动作所具有的特征。我们假设"哒_进行"位于内部体位置，也就是"咖"所出现的位置。"咖"给事件提供一个终结点，而"哒_进行"则表示事件的内部阶段在句法上可见。"咖"和"哒$_{进行}$"不共现。

我们还指出，"哒"用作完成体用法可以从两方面来观察。一种可能是，"哒"基础生成于语法体位置。普通话里，这个位置由"了"填充。由于长沙方言里，"了"在语言的演变过程中没有出现，因此"哒"用来填充这个位置，并且在那里获得解释。

另一种可能性是，"哒"由进行体标记经过演变而形成现在的完成体标记。"哒"用来表示进行体意义是语法路径上的一个残存。

第三节　溆浦方言"到……在"以及普通话"着"

溆浦方言"到……在"一直被认为是持续/进行体标记（贺凯林1999[①]；瞿建慧，2007）。贺（1997）认为合并形式表示动作在正在进行。也就是说它与进行体标记"在"没有实质上的差异。二者都可以用作进行体标记。与达成体或实现体动词连用时，合并形式不表示动作正在进行，而是表示动作已经完成。我们提出，合并形式中"到"可以区分为"到$_{完成}$"和"到$_{进行}$"。"到$_{完成}$"表示动作已经完成，而"到$_{进行}$"则表示动作正在进行。我们还指出，"到"的用法可以用来支持我们关于"哒"的分析，即：既可以用来表示完成，也可以用来表示进行体意义。然后，我们重新讨论了普通话持续体标记"着"的用法。普通话"着"的语义一直受到争议。一些人认为，"着"应该看作一个持续体标记，表示结果状态的持续（Smith，1997；Yeh，1993[②]；朱德熙，1984[③] 等），而其他人则认为，"着"应该区分为"着$_{进行}$"和"着$_{持续}$"。这是因为，人们观察到"着"也可以用来表示动作正在进行。但是与这些论述不同，我们认为最好将"着"区分为"着$_{进行}$"和"着$_{完成}$"。根据这个分析，我们认为，就像溆浦话中，"到完成"和"到$_{进行}$"一样，普通话中"着"的情形，可以用来支持我们关于长沙方言"哒"的分析。最后，我们还用"着"和"哒"的历史演变过程来支持我们的分析。

[①] 贺凯林：《溆浦方言研究》，湖南教育出版社1999年版。

[②] Yeh, Meng, "The Stative Situation and the Imperfective Zhe in Mandarin", *Journal Chinese Language Teachers Association*. 1993, 69-98.

[③] 朱德熙：《语法讲义》，商务印书馆1984年版。

第四节　长沙方言体貌系统的句法形态特征

在 Borer（2005b）[①]，Tsai（2008）[②] 以及 Sybesma（2011）[③] 基础上，我们提出一个三层次的体貌结构来解释湘方言的体貌特征。并且，我们还提出，"哒"已经分裂为"哒$_{完成}$"和"哒$_{进行}$"。我们认为在这个结构中，"咖"是内部体标记，而"哒$_{完成}$"则位于外部体位置。当用作进行体标记时，"哒$_{进行}$"的句法位置与"咖"相同。

"咖"的主要作用是给事件的内部体赋值。可以看作事件时间结构的一部分。相反，"哒$_{完成}$"是一个外部体标记。它与事件的表现方式相关。"哒$_{进行}$"在结构上低于语法体，它不能与 T 合并，事件论元因此无法得到允准。因此，我们使用"哒$_{进行}$"时，句子必须通过要么是时制锚定，或其他事件组合方式来实现事件论元允准。湘方言的体貌结构表示为（4）。

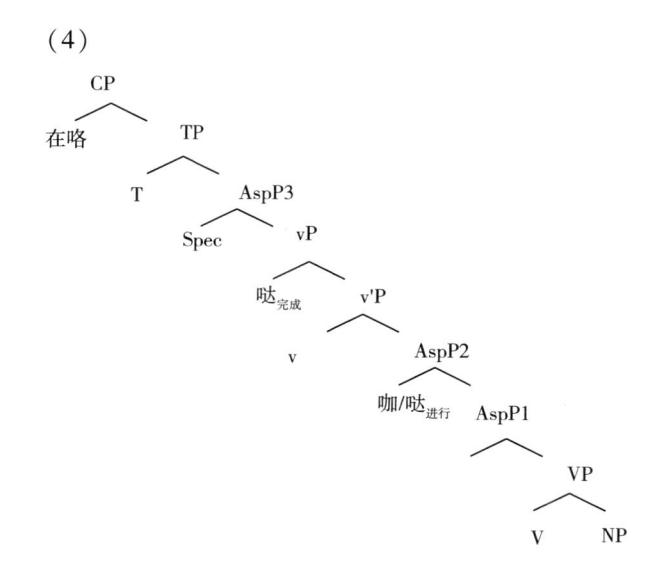

(4)

```
            CP
           /  \
        在咯    TP
              /  \
             T    AspP3
                  /  \
               Spec   vP
                /  \
           哒_完成  v'P
                  /  \
                 v    AspP2
                     /  \
                 咖/哒_进行  AspP1
                           /  \
                              VP
                             /  \
                            V    NP
```

[①] Borer Hagit, *Structuring Sense*, Volume 2: *The normal course of events*, Oxford: Oxford University Press, 2005b.

[②] Tsai wei-Tien Dylan, "Tense Anchoring in Chinese", *Lingua*, Vol. 118, No. 5, 2008.

[③] Sybesma Rint, "Layers in the Verb Phrase", Conference paper presented in EACL 7 Venice, 2011.

如果到目前为止，我们的分析正确的话，我们的研究意义不仅限于湘方言，对于普通话各方言中体标记的合用形式也很有意义。普通话文献中，词尾"了"的语义一直有在争议。很多人认为其具体语言取决于它所依附的谓词。例如，Shi（1988）提出，与终结点动词合用时，"了"表示完成，而与非终结点动词合用时，"了"表示"动作已经开始或正在进行"（Shi，1988：87）。而根据本书的观点，词尾"了"最好看作一个截止标记。而句子产生动作完成的语义来自其他的成分。见（5）—（8）。

（5）a. 张三来了。（普通话）
　　　b. 张三来咖哒。（长沙话）
（6）a. 张三跑了步了。（普通话）
　　　b. 张三跑咖步哒。（长沙话）
（7）a. 张三看了那本书。（普通话）
　　　b. 张三把那本书看了。（普通话）
（8）a. 张三看哒那本书。（长沙话）
　　　b. 张三把那本书看咖哒。（长沙话）

例句（5）—（8）都是完成体形式。（5）里，使用的是达成体动词。我们的观察是普通话里只使用了"了"，而长沙方言里却使用"咖"和"哒"的合并形式。（6）中，动词是一个活动体动词。有意思的是，长沙方言里，完成体的语义解释取决于是否使用"咖"，具体见（6a）和（6b）。并且我们的分析还能给普通话的"把"字句提供很好的分析。（7）说明，普通话里，实现体动词的完成形式不一定表示动作已经完成。似乎动作完成的意义受到完成体的触发。我们的分析指出，这不合理。长沙方言中，"咖"和"哒"必须合用的事实表明，我们的语言中可能有个显性成分用来表示事件的终结点［比较（7b）和（8b）］。长沙方言和普通话的区别在于，长沙方言里事件的终结点由"咖"表示，而在普通话里则表现为隐性形式。

但是不可否认，我们的研究依然还存在许多有待解决的问题。例如，为什么"了"没有出现在长沙方言里。值得说明的是，"了"的变体在溆浦话，以及其他湘东方言中都可以见到。我们也无法解释"咖"如何进入湘方言。所有这些问题都有待进一步解决。

附录1　长沙方言相关语料

（1）A：我跟你讲话，你听见咖哒冇咯？我跟你说话，你听见了没有

　　　B：听见咖哒嘞，尽讲得（怎么这么啰唆）！听见了，怎么老讲不停

（2）A：我要你帮我找（念 tçin¹³）本书，找到咖哒冇咯？找到了吗

　　　B：找到咖哒嘞，多时就找到咖哒。早就找到了

　　　C：哦，找到咖哒，那我就放心咖哒（放咖心哒）。找到了，我就放心了

（3）啊耶，你们回来咖哒？你们（怎么）回来了

（4）衣服哈湿咖哒，快去换咖。衣服都湿了，快去换掉

（5）我的手机冇看见去哒，你看见咖哒冇？我的手机不见了，你找到了没有

（6）咯些冰棍终于哈_都_处理咖哒。这些冰棍都处理了

（7）咯件事终于做成咖哒。这件事终于办成了

（8）到时候细伢子生出来咖哒怕冇人带。小孩是生出来了，只怕没人带

（9）不好意思，我忘记咖哒。不好意思，我忘记了

（10）咯只路径解决咖哒。这件事解决了

（11）咯些事情哈不记得咖哒。这些事情都不记得了

（12）听见咖哒，你莫念哒咯。听见了，你别念叨了

（13）A：衣服要洗干净点嘞！

　　　B：洗干净咖哒嘞，你何什对我连不放心样的？。洗干净了，你怎么对我这么不放心？

（14）崽伢子长大咖哒，就不听话哒。小孩子长大了，就不听话了

（15）不错，他居然能自己站起来咖哒。不错，他居然能自己站起来了

附录 2　达成体和实现体动词结构差异的句法解释——以汉语湘方言为例[①]

第一节　引言：达成体和实现体动词

一　术语界定和问题的提出

本文主要研究湘语长沙方言体标记词"咖"的用法，不过，也同时涉及 Vendler 所说的达成体和实现体动词之间的差异。我们将提出"咖"是一个达成体的标记，"咖"在结果上占有一定位置。达成体和实现体之间的差异可能是结构上的，至少在长沙方言里是如此。

接下来先介绍相关长沙方言的事实，然后介绍相关的理论。尽管达成体和实现体动词都是终结点性质（带有一个句子的终结点的事件为终结点事件），但是二者之间在几个方面存在差异。第一个实现体动词可以用在进行体事件里，而达成体动词不行。

（1）a. The assistant was repairing his computer.
　　 b. *His son was finding his key

第二个差异是，如果和副词"almost"连用，实现体动词会产生语义

[①] 本文是在前述第三章基础上的一个扩展研究，文章已发表在 Journal of East-Asian Linguistics 2019, 28,（3）279-306。

歧义：一种意义是强调事件的起点（2a），另一种意义是关注事件的结果；而达成体动词则只强调事件的结果（2b）。

（2） a. She almost wrote a letter.
　　　 b. She almost broke her arm.

达成体和实现体动词之间的这种差异往往被认为是这两种动词的内部结构不同造成的。尽管都是终结点性动词，但是不同的是，实现体动词内含一个过程和终结点，而达成体动词通常被认为缺乏过程性，事件的起点和终结点是同时发生（或者是接连发生）。由于实现体动词内含一个结果，而达成体动词不含，因此只有实现体动词和进行体兼容。由于达成体里的起点和终结点难以区分，因此我们只获得一种语义解释，而实现体动词不同，其起点和终结点之间被事件过程隔开。

Rothstein（2007）称达成体动词为"非扩展性"，而实现体动词则是"扩展性"。达成体动词为"非扩展性"指的是由 α 转变到 ¬α 的变化是即时性的（P. 45）。正如 Rothstein 所说，由于技术性原因，我们很容易看到两个相邻的起始点和终结点。一个是 α，另一个是 ¬α。与此相反，实现体动词最好看作"扩展型"，因为起始点和终结点不相邻。在实现体事件里，由 β 到 α 的变化允许一个中间阶段，即 ¬β 和 ¬α 状态（P. 45）。

Rothstein 的这种观点与 Rappaport Hovav（2007）关于这些动词类型的思想是一致的。过去时态里，实现体动词表示"变化中蕴含一个层级概念，但是整个层级的变化只能是会话蕴含"（P. 26-27），但是如果是达成体动词，"整个变化都是蕴含式"（P. 28）。实现体动词与多点式层级，而达成体动词则只有两个点（P. 26）。这两个点耦合或相邻：事件的起点也就是事件的终点，两者之间没有其他的成分。实现体动词同样有起点和终点，但是二者之间还有一个过程，这就是为什么被称为多点式层级。

Travis（2010）也认为达成体事件不含有过程，不过采用不同的视角来审视进行体能与实现体动词兼容这一事实。而且当涉及普通话相关事实时，Travis 提出了一个很有见地的看法，即认为，"事件终结点能被剥离"（P. 124）。Travis 没有对此进行深入讨论，不过其关于事件终结点的看法为人们关于达成体和实现体的差异的传统看法提供了一个新的视野（之前人们一致认为二者之间的差异只局限于过程性)。从 Travis 的观点来看，很有可能在起点和终结点之间总是有个过程，而二者之间的差异在于这个过程是否在句法上可及。如果句法上可及，就产生实现体，而且，该事件能被表示为进行体；而如果该过程不可及，起点和终结点紧密相邻，这是达成体事件的属性，结果是达成体事件不能表示为进行体。

本文并不是想说明所有的达成体动词都含有一个过程。相反，我们主要关注长沙方言事实中的这样一种情形：在一个含有过程的事件中，指向终结点的过程的可及性取决于事件终结点成分还是取决于结构因素。

二 普通话

认为达成体动词中缺乏过程性可能不总是构成达成体动词的唯一因素，如果我们比较英语和普通话达成体动词的话。我们试举几例：appear, arise, arrive, awaken, break, die, disappear, discover, find, happen, hear, lose, notice, see, understand, vanish, win 等，如果我们将这些动词翻译成普通话，我们发现尽管这些动词中的一些有对应的单音节对应成分，（例如到、死、赢），而其他的几个动词则是复杂形式并且可以分析为由两个成分构成，后者分别表示一个过程或结果。这种观察可以追溯到 Tai 20 世纪 70 年代的相关论述（Tai 和周，1975；Tai，1984）。以下是几个普通话的例子，SUCC 是'brought to a successful end'的缩写。

(3) 知道　　look for +arrived/SUCC　　'find'
　　 注意-到　pay attention + arrived/SUCC　'notice'
　　 看见　　look + appeared /SUCC　　'see'
　　 听见　　listen+ appeared /SUCC　　'hear'
　　 发现　　extend+ appeared /SUCC　　'discover'

正如（4）所表示的那样，（3）里动词与进行体不兼容，这是达成体动词的属性，就如我们所看到的一样。普通话的句子不可以用于进行体，动词前面不可使用表示进行体意义的"在"或"正在"。

(4) a. *正在找到
    b. *正在发现

因此，尽管事件显然存在一个过程，但还是不能用于进行体。

在我们得出结论前我们介绍更多的事实。首先，必须说明的是，并不是说［动词-结果］就不能用于进行体，正如以下事实说明的那样［王，2018：98，例句（5a），语调为我们所添加］：

(5) a. 我正在擦干玻璃。
    b. 听起来，我儿子正在弄坏我的电脑。
    c. 张三在杀死他的猪。
    d. 张三在刷白这堵墙。

我们采用 Dowty 的"almost"测试，发现句子（3）里的动词表现得像是达成体动词［例如（6a）］，而［动词-结果］合用形式更像是（5）里的动词，其他的实现体动词则不同［例如（6b）和（6c）］，后者选自杨（2011）例句（29）：

(6) a. 差一点儿找到了。
    b. 差一点儿把电脑弄坏了。
    c. 他几乎写了一封信。

但是，有几个情形看起来相似，但是表现却不同，它们不能用于进行体。具体例句见（7）。

(7) a. 我吃好了昨天烤的面包。
    b. 他们洗完了他们的衣服。
    c. 我买到了！
(8) a. 我正在吃好昨天烤的面包
    b. 他们正在洗完他们的衣服。
    c. *我正在买到！

由于篇幅受限,我们在这不详细说明,但是值得说明的是,句子(7)和(8)所表示出来的情形就像达成体动词一样,会面临Dowty提出的副词测试所产生的问题。

句子(7)和(8)里,"好""完""到"这样的成分被称为"动相补语"Chao(1968:446)。这些成分已经没有了词汇意义,而成了功能性成分,用来表示动词所表示的动作已经产生一个明确的终结点:即存在一个封闭。这是一个自然的(内含)的终结点(该终结点是动作行为所引起的),以下的分析中我们会提供有具体例句。

Chao所说的功能性质的动相补语与词汇成分例如例句(5)里的"干"和"坏"不同。它们和宾语构成一个整体,形成一个短语(一个小句,一种主-谓组合)。这个短语不仅能给事件提供一个终结点,而且具体明确终结点的内容(结果状态):例如例句(5)里,"玻璃干"和"我的电脑坏"。在同样的情况下,尽管没有提到"功能"和"词汇",Chao(1968:446)将两者的区别这样概括为:完结补语"表示动作已经完成",也就是,谓词表示动作行为("完结"一词我们理解为"自然终结点"),其他成分表示行为的结果或目标。

从现在起,我们将功能性的完结补语称为"Ph-成分"(或者只是Ph.),并且将表示结果意义的词汇形式称为"R=成分"("R")。我们将在第3节回来讨论Phs的问题。我们也会解释为什么将一些动词尾成分例如[V-掉]中的"掉"标记为 *arrive/success* (到)或(成功)。重要的是,我们刚才已经看到含Ph成分的动词短语与含有"R"成分的动词短语不同,特别是在使用进行体测试和Dowty关于副词辖域测试的时候。含Ph成分的动词短语表现得出达成体动词特征,而含"R"成分的动词短语表现出实现体动词特征。我们将在结论部分指出,Ph成分阻隔了终结点之前的句法过程,因而使得该句子无法再表示为进行体,而含"R"成分的动词短语则不会出现类似的问题。接下来我们将论证这一假设。

为了解释事件终结点以及终结点之间可能的差别,以及如何进一步解释相关问题,我们先介绍一下例句(来自普通话):

(9) a. 卖 vs 卖掉
    b. 关 vs 关掉

表面来看（并根据我们对英语对应成分的了解），每一个最小比对中的成员似乎都是达成体动词，但是每一对成员中有一个成分具有一个显性的终结点成分（"掉"），很像一个 Ph 成分（不过先看接下来的讨论）。根据目前我们已经了解的情形来看，这并不奇怪。例句（10）里的动词含有一个 Ph 成分于进行体不兼容。但是，光杆动词能与之兼容。Nagelhout（2011）也观察到了这种差异。

（10）a. Women zhengzai mai zuotian kao-de dangao
　　　　 1P　　　PROG 卖　昨天　烤 的 蛋糕
　　　　'我们正在卖昨天烤的蛋糕'
　　 b. * zhengzai mai diao
　　　　PROG　　卖掉

副词辖域的测试也得出同样的结果："差一点卖掉"存在歧义（"几乎要卖掉"和"几乎设法卖出去了）"，"差一点卖掉了"却不存在歧义。

根据我们之间的逻辑，我们可能不得不说例句（10）里含有一个 Ph 的动词是达成体，而其他的不是。问题是：如果他们不是达成体动词，是什么呢？有两个可能的答案。一种可能是普通话"卖"是一个非终结点动词，无疑能用在进行体中，并且使用"掉"使其成为一个终结点动词。另一种可能是，"卖"是一个终结点动词，一个实现体动词（毕竟我们不能说"正在卖"，除非有一些东西已经换成钱了），那样的话，终结点就可以理解为语音为空的成分：［卖 ø］。如果"卖"是一个终结点动词，底层结构为［卖 掉］，那么我们有两种可能的分析来解释［卖 掉］。第一种分析是认为"掉"的作用就是相当于 ø 的显性表达：［卖 ø］=［卖 掉］。事实是［卖 ø］表现得像一个实现体，而［卖 掉］表现得像一个达成体动词是因为"掉"和 ø 之间的本质不同，二者之间的差异类似于 Ph 和 R 之间的差异：只是后者（ø，R）不会阻止状态变化发生前的过程的可及性（因此事件可以表示为进行体），而前者（掉，Ph）会。第二种可能的分析就是前者"卖掉"中存在一个 ø，因此实际上［卖 ø 掉］；换句话说，"掉"并不替换 ø，而是加进去的成分，并占据句法中的一个位置。

如果这个方法正确的话，那么我们可以说达成体动词和实现体动词之间的差异不在于加在动词上的词汇的特征，而是因为结构上不同，后者结构上比前置多一个层次。在［卖-掉］中"卖"这个过程是不可及的，不是因为受到"掉"这个成分的性质阻止，而是其所在的句法位置的缘故。根据我们的分析，不是［卖 ø］vs［卖 掉］，而是［卖 ø］vs［卖 ø 掉］。

因此，关于达成体和实现体动词我们提出的问题是，至少普通话（也许有一些这样的语言）中，前者（典型特征就是在起点和终点之间，不管是什么，在句法上是不可及的），和后者（不管起点和终点之间有什么，都在句法上可及）之间的区别是否可以在句法上得到解释？

第二节 长沙方言"咖"

前面我们已经调查了长沙方言中"咖"的用法。我们已经指出，很多时候"咖"往往被分析为一个完成体标记（李荣明，1991；伍云姬，1999等），具体请参见 Lu（2017）对这些看法的讨论。我们认为"咖"是一个与事件完成的有关的体标记，但是我们认为它不是一个完成体标记①。下面我们回顾"咖"的分布特征以及其属性。

(11) a. 张三洗哒衣服。
　　 b. 张三洗咖哒衣服。
(12) a. 我看哒那本书。
　　 b. 我看咖哒那本书。
(13) a. 张三呷（念 tɕʰia²⁴）哒那只苹果。
　　 b. 张三呷（念 tɕʰia²⁴）咖哒那只苹果。

在句子（11）—（13）里，我们看到（a）句使用了完成体标记"哒"，但是没有"咖"。（a）句有两种语义解释：洗衣服的事件，看一本书的事件以及吃苹果的事件已经完成或没有完成。因此（12a）要么表

---

① 伍云姬（1999）认为"咖"来自"解"，表示"拿走，送走"。"咖"已经不再是一个词汇成分。

示我看了书（我做了看书主要的事件），要么表示我看完了整本书。当我们将"咖"添加到句子中［见（b）句］，句子只有一种语义解释；例如（12b）表示看完了那本书。以下例句作进一步说明。

（14）a. 张三游（咖）哒泳。

用"咖"，有歧义：

i 张三游了泳（做了游泳这件事），

ii 张三游完了泳（比如，设定游 1000 米的任务已经完成）

不用"咖"：一种解释

i 张三游了泳（做了游泳这件事）

b. 我跑（咖）哒步。

用"咖"，有歧义：

i 我跑了步（我做了跑步这件事），

ii 我跑完了步（比如，设定走 3 公里的任务已经完成）

不用"咖"，一种语义解释：

i 我跑了步（我做了跑步这件事）

如果张三有一个每天游 2000 米或 45 分钟的习惯，那么，他回家后我们可以说（14a），用与不用"咖"，句子表示他完成了每天例行的事情：他游了泳。如果他没有这样的习惯，在没有任何计划的情形下去了游泳池，那么在他回来之后，人们不会在（14a）里用"咖"，句子表示他去游了泳。换句话说，"咖"只与一个有定宾语兼容，或者说在任何情形下，只与有（预先设定的）有界（终结点）事件兼容。

这种用法也使用于例句（11）—（14）。值得这说明的是，在所有这些语料中，不是因为"咖"使得事件变为有界（终结点），毕竟，不用"咖"事件也可以是终结点性质［（a）句语义有歧义］。就目前为止我们所介绍的用与不用"咖"的句子而言，我们可以采用 Rappaport Hovav（2007）关于实现体和达成体动词的差别来进行解释。使用"咖"，句子蕴含"转变"的意义，而不用"咖"，状态转变意义"则只能从话语暗含中进行推理"。

我们也可以使用普通话动词"杀"（选自 Tai 和 Chou，1975；Soh 和 Kuo，2005）来进行同样的解释：

(15) a. 他杀（咖）哒那两个人。

　　　不用"咖"：'他杀了那两个人（他们也许死了，也许没有死）'

　　　用"咖"：'他杀了那两个人（他们死了）'

　　b. 他关（咖）哒电视

　　　不用"咖"：他关了电视（可能没关成）

　　　用"咖"：他关了电视（关成了）

(16) a. 他写哒一封信，可是冇洗完。

　　b. *他写（咖）哒一封信，可是冇洗完。

长沙方言里句子（15a）在普通话中的对应句子所表示的语义解释是一个热点问题（Basciano，2017 对此进行了回顾）。人们可以将其理解为：'李四杀了张三（两次），但是他没有死'。句子（15a）没有使用"咖"，句子后面可以接一个表示那两个人没有死的句子。用了"咖"就不可以。这再一次说明，在（15）—（16）这些没有使用"咖"的句子里隐含（或话语推理）一个状态转变的含义，而在含有"咖"的句子里这个意义是非常直观的。

"咖"能与不含终结点的事件（而不是提供一个终结点）共现的事实可以从下面的事实中清楚的表示出来，与例句（11）—（14）不同，这些例句都含有一个明显的终结点。在例句（17）—（18）里，我们已经介绍这样一些例句：即动词后接一个表示结果的成分 R，然后再接"咖"。我们将含有"完"的句子和其他句子分开。因为我们将在后面对其进行更见详细的介绍。与之前看见的情形一样，"咖"在这些句子中具有可选性，不同的是不使用"咖"，句子的歧义消失。

(17) a. 我呷完（咖）哒你给我做的饺子。

　　b. 我写完（咖）哒作业。

(18) a. 你搞坏（咖）哒我的电脑。

b. 张三哭红（咖）哒眼睛。
c. 昨晚上，我被雷声吓醒（咖）哒。
d. 质量提高（咖）哒。
e. 张三绊倒（咖）哒。
f. 张三呷醉（咖）哒。

在接下来的句子中，"咖"同样具有可选性：用与不用"咖"，句子的合法性不受影响。这些句子的共同点是，如果使用结果成分 R，事件的终结点被明显的表示出来，这些 R 成分可以是各种表示数量的成分。

（19）a. 张三看（咖）哒三本书。
b. 张三游（咖）哒三个小时泳。
c. 张三看（咖）哒三子咯本书。

如果"咖"能与含有终结点的动词嵌入，我们预测它也能与达成体或表示状态变化的动词兼容。这种预测是正确的，例句（20）—（21）可以说明这一点。

（20）a. 他们（早就）到＊（咖）哒。
b. 车子翻＊（咖）哒。
c. 张三属＊（咖）哒。
d. 张三死＊（咖）哒。
（21）a. 雪融＊（咖）哒。
b. 张三瘦＊（咖）哒。
c. 天气冷＊（咖）哒。

值得说明的是，在上述句子中，"咖"不但可以出现而且具有强制性，必须出现，否则句子不合法，听起来很不自然。

上述句子描写的都是表示过去时意义的句子，也许有人会认为"咖"只能出现在过去时意义的句子中。为了更好地说明"咖"的用法，我们认为有必要介绍另外两个事实。第一个是，"咖"并不局限在过去时意义的句子中，接下来的事实说明"咖"也能出现在含情态动词句（22），或表示习惯性意义的句子里（23）。就像我们上述已经介绍的一样，在这些句子中"咖"不具有强制性，但是使用"咖"所有句子所表示的或隐含的表示愿望的意义十分肯定，不使用"咖"，这些意义则是模糊的，不确定的。

(22) a. 我想看咖咯本书。
 b. 张三想杀咖那个人。
 c. 张三还不舍得丢咖。

(23) a. 他一进门，就把鞋子脱咖。
 b. 晚上，你把门关咖。

第二个是，"咖"也能与否定式兼容（这是另一个将其与普通话完成体区分开来的属性，后者不能与完成体兼容）：

(24) a. 张三冇看咖咯本书。
 b. 张三冇洗咖衣服。
 c. 张三冇呷醉咖。

(25) a. 你再玩的话，会输[??]（咖）。
 b. 那只鸟，看样子会死[??]（咖）。
 c. 你再喝的话，会醉[??]（咖）。
 d. 张三冇到[??]（咖）。
 e. 花冇红[??]（咖）。

最后，我们必须指出来的是，有"咖"出现的句子一定不能表示为完成体形式，见（26）。值得说明的是，同样情况下在普通话中［见(5)，表示结果的成分］，R 能与进行体兼容（26b）和（27）。

(26) a. 张三在咯呷（*咖）那只苹果。
 b. 你在咯搞坏（*咖）我的电脑。

(27) a. 他在咯熨直衣服。

b. 他在咯发动他的汽车。

简言之，长沙话"咖"是一个能与终结点事件（达成体动词句和状态变化句）兼容的成分。它被用来加在一个含有终结点的事件里。有意思的是与普通话密切相关的是，普通话没有这样一个与"咖"对用的成分。

第三节 分析

一 结构假设

我们假设长沙方言句子的结构为（28）。过去 10 年来该结构在 Sybesma（1999）关于普通话句子结构分析的基础上已经得到很大发展（特别是 Travis，2010；玄玥，2008，2011；司马翎、沈力，2006；沈力、Sybesma，2012；Sybesma，2017）。我们这里只介绍一个简单的结构①。

(28)

```
           Voice/vP
         /        \
    '1SG' 我    Voice/v
             /         \
        Voice/v°       Asp3P
                    /        \
                 Spec         Asp3
                            /      \
                         Asp3°    Asp2
                          了    /      \
                            Asp2°     Asp1P
                                    /       \
                                  Spec      Asp1'
                                   鞋      /      \
                                        Asp1°     VP
                                         坏        |
                                                  V°
                                                  跑
```

RealizationP: 了

TelicityP

---

① 在这里所介绍的结构中，我们只是简单将 Voice°和 vo 看作一个组块中心语。如果将更多事实考虑进来的话，该节点应该分析为分裂形式的（普通话和普通话其他方言）。为方便起见，我们此分析中排除了"把"字句。另一个简化就是，我们并没有涉及语序推导的技术问题。关于此结构的两个方面更多详情，请参见 Sybesma（2018）。

(29) 我跑坏了我的运动鞋。

该结构的顶层是一个含 Vocie°/v° 中心语。我们没有介绍 Vocie° 和 v° 的上层结构。它可能是表示曲折范畴的 I 和标句词 C 性质的成分（例如时、体、情态、焦点、话题等）。在 VocieP/vP 和 VP 之间，有三个投射语都标记为"Asp"，后者一起组成普通话句子内部体结构。Asp1 相当语玄玥（2008）所说的为"TelicityP"，用来表示含有一个结果成分的结构为终结点性质。结果状态可以描写为一个[主-谓]结构的成分：谓词就是我们在第一节中说的 R 成分，占据 Asp1 的位置[例如（28）—（29）里的"坏"]，主语（我的运动鞋）位于限定语位置。Asp3P[在 Sybmes（1999）里被看作一个实现体标记]，位于内部体的最高位置。如果该中心语位置被"了"填充，句子表示结果状态所表示的终结点已经实现①。该句子表示：我的鞋子已经坏了是我跑步的结果。在介绍 Asp2 之前，我们简单说说句子（29）的表层推导。在推导出（29）表层结构时会发生两种情形。首先，（28）—（29）里，宾语（也就是，位于 Asp1° 中表示结果的谓词主语），我的鞋子移位到 Asp3P 位置并获得允准。其次，动词短语结果"跑-坏-了"的推导方式为：位于 V° 位置的"跑"移到 Asp1 里"坏"的位置，然后[跑-坏]上移到 Asp3° 里"了"的位置（Asp2° 当然不会被忽略，见下述分析），然后整个短语上移到其最终目的的 Voice/v° 位置。该过程表示为（30）。

---

① 我们假设 Asp3 用来表示完成体意义，尽管事实上它是内部体。但是，我有足够的理由说明，"了"，尽管在 Asp3° 位置，后者低于 vP，事实上在外部体位置，高于 vP，获得解释。我们的理由主要基于句法、语义以及历史的考虑。例如，Cheng（2018）指出，在没有"了"的句子里，wh-疑问词"怎么"能够在高层位置获得致使性语义解释，而"为什么"和"怎样"在低层位置获得方式意义解释。在带有"了"的句子中，句子无法获得表方式的语义解释，很可能是因为"内部体"里的"了"和外部体体之间存在一定你联系，"了"只能在外部体获得解释说明 wh-成分"怎么"和位于 CP 范畴中的算子之间存在联系。同时参见 Sybesma（2017）。

（30）

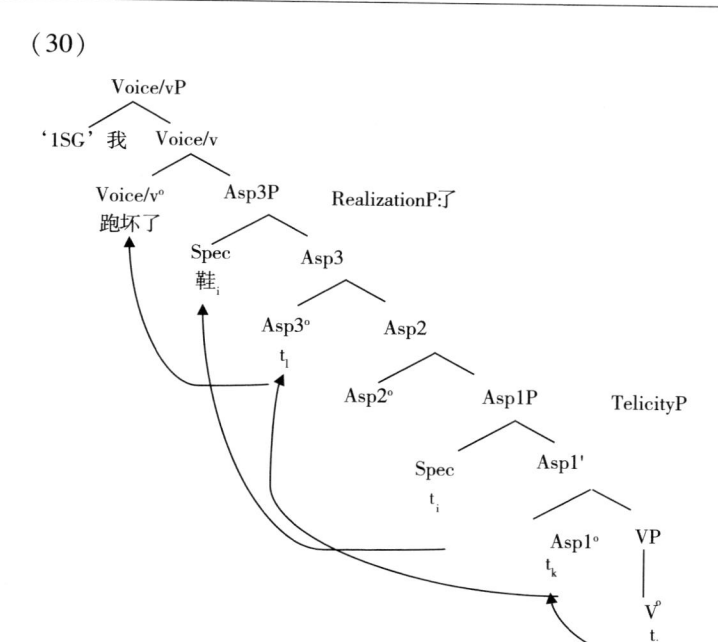

```
                    Voice/vP
              '1SG'我      Voice/v
                    Voice/v°    Asp3P
                    跑坏了    Spec      Asp3
                            鞋ᵢ    Asp3°      Asp2
                                  tₗ      Asp2°      Asp1P
                                              Spec      Asp1'
                                              tᵢ    Asp1°      VP
                                                    tₖ      V°
                                                            tⱼ
```
(RealizationP:了, TelicityP)

二 Asp2

那么，如何解释 Asp2P 的作用？我们提出这样一个成分的主要动机与"完""好"以及"成"这样的成分相关。具体例句见（31）[其中（a）和（c）选自玄玥，2008]。

（31）a. 客厅我早就擦完了。
　　　b. 门锁好了没有？
　　　c. 我一直没有看成那部电影。

从理论上讲，句子（31a）可以分析为（29），"客厅"位于 Asp1P 的限定语位置，而"完"为 Asp1°位置，表示对客厅进行述谓：[客厅 完]，也就是，我扫客厅的结果就是 [客厅 完]。这种分析完成对应于（29）。

但是，玄玥观察到，这并不是（31）所表示的意义。句子（29）里"坏"是"我的运动鞋"的谓词（鞋子坏是我跑得结果），而客厅和"完"之间的述谓关系则无法相提并论（尽管有可能）。毕竟，说"客厅完了是我打扫的结果"在英语中只能理解为"I am done cleaning the living room"（打扫客厅的事情做完了）。换句话说，"完"可能并不是对"客厅"述谓，尽管它有可能是，但实际上是表示打扫客厅这个事件有一个明确的终结点。

句子（31b）和（31c）能更好的说明这一点。而（31a）似乎能使我们将句子理解为［客厅 完］是我打扫的结果［我们接下来会回来进行讨论，见（37）］，对于（31b, c）而言，类似的扩展已经超出了我们的想象。正如我们已经提到的那样，这并不是这些句子的意义：就像（31a）里"完"和（31b, c）里的"成"一样，句子表示事件有一个明确的终结点。

从这些讨论中，我们得出结论："完""好"和"成"并不是表示结果的 R 成分，因此也不位于 Asp1° 位置。如果他们不在 Asp1° 位置，他们必定在其他位置，我们假设在 Asp2° 位置。

在对这个位置进行讨论前，我们有必要更加深入地了解"完""好"以及"成"这样的成分。这也同样使用于我们在第一节里所介绍的 Ph 成分，例如"到"。即使紧随动词尾位置，依据语境特点这些成分中的一些成员会保留词汇特征，见（32）（32b）［选自玄玥，2008：670］。我们已经介绍了两个关于"完"的例句，长沙话的对应例句回见（17）。

（32）a. 他喝完了你昨天给他做的汤。
　　　b. 他花了很多钱才请到了那个演员。

在（32a）里，例如，如果我们将它放在 Asp1P 中心语位置的话"完"可以得到直接的分析。在这个位置上，"完"用来对短语结构"你昨天给他做的汤"进行述谓。在这个句中，"完"具有词汇意义。从例句（32）的进行来回顾（31），我们可以看到（31）里的"完""好"以及"成"比（32）里的成分更像是一个功能性成分。显然，它们已经语法化了。从功能意义角度来说，它们往往被理解为 Ph 性成分。因此，他们在句子（32）里表现得像 R 成分，而在（31）里表现得像 Ph 成分。它们的这种双重特征可以解释为什么我们使用斜竖线"/"来标注：在有些情形里，它用作 R 成分，例如（32a），表示"完成"，而在另一些情况下，用作 Ph 成分，例如（31a），表示"done"。有时候我们难以区分这两种意义；请参见上述（31a）的讨论以及接下来的分析。

　　回到我们的问题：如何解释功能性成分"完"的句法位置（Ph 成分）？一种方法是（玄玥，2008 采用的方法）是假设它们和对应的词汇成分位置相同，即 Asp1° 就像那些词汇成分一样，它们用来给事件提供封闭；不同的是它们已经语法化，无法带主语（因此 Asp1P 的位置为空）。句子宾语则占据另一个宾语位置（视具体情形而定，有几种可能）。这个方法的核心是，Ph 性成分和词汇性质的 R 成分位于同一个位置，只是意义有不同：功能性的 Ph 成分不能带主语，而词汇形式的 R 成分可以。重要的一个论据是，普通话中 Ph 和 R 成分成互补分布（下面我们会介绍一些例外的情形）。

　　另一种方法是，我们假设这样两个成分位于不同的层面，一个在 Asp1° 位置，另一个位于 Asp3° 位置。在这个方法中，二者之间的差异在于结构上的不同。这个方法与 Roberts & Roussou（2003）的思想一致，后者指出，语法化语功能语范畴往上发展向一致。根据我们的分析，一个用来表示事件终结点的成分用来表示动作结果，并位于 VP 里最低功能语位置，已经发展为一个这样的成分：它已经上升并演变为一个用来表示更加抽象意义（Asp2°）的终结点（或封闭）成分。然后它进一步发展，进一步往上移动，一直到 Asp3° 的位置来表示事件的终结点已经实现，也就是事件的视点体。普通话"了"的发展路径可以用来支持我们的分析（参见玄玥，2008）。具体说，"了"早期是一个词汇形式，用来表示事件发展的结果。另一个相关的证据是，从功能角度来看，（32a）（位于 Asp°1）里的"完"是一个词汇，而在（31a）（Asp°2?）里已经更加功能化，似乎其功能不断演变，直到上升到 Asp°3 位置：

　　（33）他吃完饭，就走了。

　　在（33）这个句子中，"完"可以被完成体标记"了"替换而不影响句子的合法性和语义解释。

　　因此，我们提出：句子（28）里的 Asp2° 就是 Ph 成分所处位置，也就是，用来表示事件有一个不可消除的终结点。这一点来讲，它与 R 成分不同，后者一般情况下是一个词汇形式，位于 Asp1°，总的来讲是一个用来表示动作结果的谓词。一个句子中如果只有 Asp1° 被填充，句子得到

Rappoport 和 Hovav 意义上的状态转变的语义解释，句子的终结点只是一个话语推理；如果 Asp2° 被填充，则可以句子蕴含一个终结点意义。结合前面关于达成体和实现体动词的讨论联系起来，我们提出，如果 Asp2° 被填充，由 V 所表示的句法操作由此被阻断。

第四节 回到长沙方言"咖"的用法

一般来讲，如果我们提出在一个结构上存在一个句法位置（事实上是一个句法层面），但是如这些句法位置或层面从来不会同时被词汇形式所填充，并且也无法指出可能的呈互补分布的成分的话，那么这样的假设往往难以被接受。从现有关于的普通话的事实来看，Asp1° 和 Asp2° 从来不会同时被填充：表示结果的 R 成分和 Ph 成分互补。

不过随着研究的深入，这个假设会被证明是合理的。上述长沙方言的事实可以用来支持我们关于存在一个内部的体假设，并且该内部体与事件的终结点有关，但是与那些用来表示动作结果而使事件变为终结点性质的成分不同。我们还提出，长沙方言"咖"占据 Asp2° 位置。因此，句子（18b）（重复为34，不过"咖"不带括号）中不同成分的句法位置表示为（35）。

(34) 张三哭红咖哒眼睛。

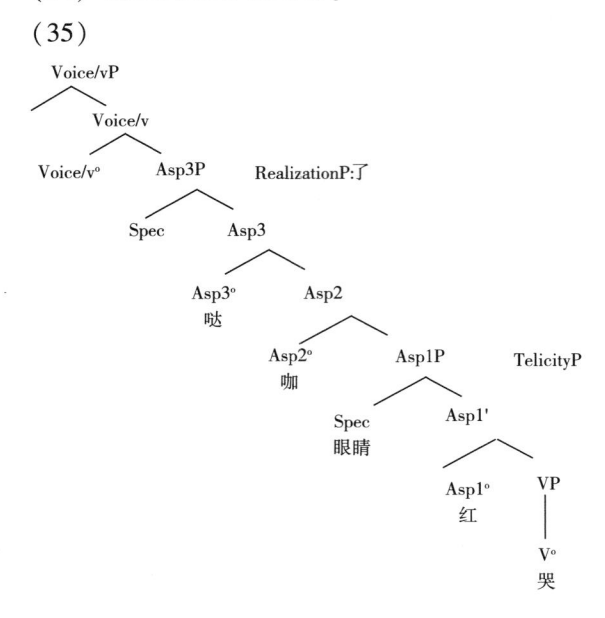

(35)
```
          Voice/vP
         /        \
      Voice/v
      /      \
  Voice/v°   Asp3P
            /      \
         Spec     Asp3
                 /    \
              Asp3°   Asp2    RealizationP:了
               哒    /    \
                 Asp2°   Asp1P         TelicityP
                  咖    /    \
                     Spec   Asp1'
                     眼睛   /    \
                         Asp1°   VP
                          红     |
                                 V°
                                 哭
```

这种分析可以为我们提供解释。首先，它可以为我们的事实提供结构上的解释，后者是目前为止关于普通话句子结构的分析。其次，它也可以用来解释长沙方言中用或者不用"咖"的句子。最后，它为达成体动词和实现体动词之间的差异提供了句法上的解释。任何情况下，带"咖"的动词短语与达成体动词相似：含有一个终结点，状态转变得以实现。不管事件的过程之前会发生什么都与终结点无关，事件所表示的过程句法上不通达（Opaque）（不能表示为进行体）。从这一角度来说，长沙方言的事实给我们诠释了达成体动词和实现体动词的区别：达成体动词的结构上 Asp2° 位置被填充，而在实现体动词里却没有。根据 Hoekstra（1988，2004）的观点，实现体动词总是带有一个类似于 Asp1° 位置的终结点成分。我们将活动体、实现体和达成体动词特征归纳如下：

(36) 活动体　　V
　　 实现体　　V+R
　　 达成体　　V+R+KA

到目前为止，就结构而言，R 成分为 Asp1° 的中心语，它给活动体事件提供一个终结点，将非结点事件变为终结点事件。而"咖"的作用就是给事件提供功能封闭（不是终结点），而是使得终结点之前的过程在句法上不可及。换句话说，一旦在 Asp2° 位置被"咖"填充，我们就得到一个达成体事件，该事件所表示的就是状态的转变。

上述介绍的事实可以支持我们的说法。例句（26）和（27）已经说明含有"咖"的句子不能表示为进行体，这一点与达成体动词相似，而带有 R 成分的句子可以和进行体兼容，这一点与实现体动词相似。

一　如何解释 Ph 成分？

我们已经形成了几个结论，其中一个是针对普通话的。根据普通话事实，我们无法将 Asp1° 和 Asp2°（假设普通话中也存在这两个成分的话）区分开来，主要原因是 R 和 Ph 成分成互补分布。另一个结论是，"咖"很可能位于 Asp2° 位置，因为它能够与 R 成分共现。这样的话我们就可以解释长沙方言里 Ph 成分所处的位置：它们是否能与"咖"共现或互补分布？观察下面的例句：

(37) %我早就把客厅擦完咖哒。
(38) a. 门锁好＊（/）咖哒冇？
　　 b. 我一直冇看成＊（/）咖那部电影。

上述句子表示的情形与我们所看到的一致。我们先观察（37）。事件结果（一些发音人认为可以接受，另一些发音人则认为不可以接受）支持我们关于普通话的分析。我们在讨论"完"的用法时，我们发现与普通话相应的成分"完"具有两种用法：R 或 Ph 成分，而且有时候难以区分。即使在例句（31a）和（37）里我们也可以有两种可能："完"可能是一个 Ph 成分：打扫客厅的事件已经结束，也可能是一个 R 成分：打扫客厅的结果：（客厅已经扫完了）。理解为 Ph 成分时句子不与"咖"兼容，但是理解为 R 成分时可以。发音人不同的接受度使得我们提出不同的分析方法。

这种现象可以得到例句（38）里"好"和"成"这样的成分证实。我们已经看到后者不能理解为词汇性质的结果成分，不能用来作为"门"或"电影"的谓词，只能理解为 Ph 成分。正如句子所表示的那样，它们都不能与"咖"兼容，而与（37）里的"完"一样可以与"咖"兼容。

事实上，它们成互补分布。由此我们得出结论：与 Ph 成分一样，"完""好"和"成"位于 Asp2° 位置，这也就是说，"咖"并不是唯一可能位于 Asp2° 位置上的成分。

如果长沙方言中语法化了的 Ph 成分位于 Asp2° 位置，那么普通话中它们也有可能位于此位置。这也就意味着普通话 Asp1° 位置上的两个变体在语音上可能为空（31b）和（38a）。我们在下一节回来讨论这一点。

二　回到"卖"

回到普通话"卖"的事实，我们的问题是：如果"卖"是一个终结点性动词（其结构为：［卖 ø］）那么我们应该将［卖掉］分析为（39a）还是（39b）？

(39) a. ［卖掉］
b. ［卖 ø 掉］

或者，用目前的分析来说，"掉"应该位于哪个位置？是位于 Asp1° 位置（39a）还是 Asp2°位置（39b）？采用第二种方法意味着将"掉"处理为相当于"咖"的成分，用来双重表示已经存在的终结点。

普通话没有与长沙方言"咖"对应的成分，而且，我们已经多次提到 Ph 成分和 R 成分在普通话中呈互补分布，并且 Asp1°和 Asp2°从来不同时显现。这使得我们很难为普通话中的这两个中心语提供支持。但是少数情况下，的确存在两个位置都被填充的情形：

(40) a. 我把他弄死掉了。
b. 他把我的运动鞋跑坏掉了。

表面上讲，我们可以得出这样的结论：即使在普通话中这两个位置都是可以同时被填充的。但是，例句（40）里的事实很少见，并且所有在 R 成分后合法性的"V-掉"可能形成一个复杂结构（例如坏-掉），后者占据 Asp1°位置。另外，这些句子和在长沙方言中含"咖"对应的句子一样含有一种明确封闭的意义，这能使我提出有两个位置的夹着，每一个都有自己的功能语，并且分别有独立的成分填充（"坏"在 Asp1°位置，"掉"在 Asp2°位置）。值得说明的是，（40a、40b）所表示的句子为进行体形式，其中"死"和"坏"为 R 成分，句子中加入"掉"，就不能表示为进行体，因此这也强化了我们的说法，至少在例句（40）里，"掉"的作用相当于长沙方言"咖"。

基于这些考虑，如果我们认为（39b）可以用来解释［卖掉］的表层结构的话，我们可以有理由用同样的方法来分析例句（31b）和（38a）。也就是，Asp1°位置上是一个语音为空的成分，Asp1°P 限定语位置上的宾语和"好"位于 Asp2°位置。

(41) a. 门锁好-ø-了没有？（31b）
b. 门锁好-ø-哒冇？（38a）

这种分析可能的解释是普通话达成体动词上的位置在长沙方言中被"咖"填充，也就是普通话 Asp2° 位置语音上一般为空。

第五节　结论

本文我们探讨了三个问题：长沙方言中，"咖"的句法分布和语义解释；长沙方言和普通话 Ph 成分的分布和语义解释以及达成体和实现体动词之间的差异。

关于"咖"，我们认为它是一个用来表示事件有一个明确的，用来封闭事件终结点的成分。"咖"的出现表示在整个事件中状态转变是唯一的选择。我们关于长沙方言事实的分析可以支持（35）所介绍的结构：在 Asp1° 和 Asp3° 位之间有一个 Asp2°。

至于 Asp2° 的功能，我们认为这个位置一旦被填充，就意味着事件已经阻止了指向终结点的过程（由动词所表示的）进行进一步的句法操作。我们认为达成体动词所描写的起始和终结点之间如果有任何成分的话，在句法上是不可及的。我们认为似乎可以得出这样的结论：不管 Asp2° 位置上被填充何种成分，例如长沙方言"咖"，这些成分可以看作一个达成体动词的标记。这种分析的结果是，至少在长沙方言中（湘方言的其他变体也一样）达成体和实现的差别是结构上的。

就普通话而言，我们的结论是，基于目前现有的证据我们还无法断定 Asp2° 是否是句子结构的一部分。如果不是的话，那么普通话句子的内部体结构只有一个位置，该外置能被不同属性的成分来填充，而不同的属性会导致不同的语义解释和句法后果。另外，有一些使用 V-掉的句子可以分析为：普通话也含有 Asp2° 结构。提出普通话也存在 Asp2° 假设使得这种分析使用于两种语言，而且也支持这样的说法：语法化成分在功能语结构上高于词汇成分。

不过这种分析的缺点是，对于许多句子而言，我们可能要假设 Asp1° 和 Asp2° 位置上的成分在语音上为空。

结束本文之前，我们再说明一个"咖"的用法。我们已经说明（相关事实重复如下）"咖"在达成体动词后面（42a）具有强制性，"词汇性达成体"。在其他所有情形下，具有可选性，但是它总是双重表达已有的终结点，明确的（显性的，Asp1°位置被填充，以 R 成分出现（42b），或是隐性的（Asp1°位置语音为空），以一个有定宾语表示（42c），或者是一个量化成分（42d）。正如我们所见到的那样，只有带"咖"的形式才是真正意义上的达成体（过程性在句法上不可及），在所有其他情形中，状态转变的意义只是暗示性的。

(42) a. 张三输咖哒。（=20c）
　　 b. 你搞坏了我的电脑！（=18a）
　　 c. 张三洗咖哒衣服。（=11b）
　　 d. 张三游（咖）哒三个小时泳。（19b）

表面上看来，我们提出含有终结点的达成体动词总是需要一个强制性的"达成体标记"的说法似乎自相矛盾。但是，长沙方言［少数几个例外例如（3）］的事实里，我们已经看到，几乎所有的语境里，所谓的达成体动词是那些没有明确的或暗示性终结点或封闭，这也就意味着状态转变之间的过程甚至都不能经过推理而获得。它们并不是一个复杂结构，而其他所有的结构都是复杂的。这也许可以解释为什么词汇型达成体动词（以及状态变化动词）总是需要和"咖"搭配使用。

参考文献

陈平：论汉语时间系统的三元结构，《中国语文》1988 年第 6 期。
崔振华：《"益阳方言的动态助词"湖南方言动态助词（伍云姬 编）》，湖南师范大学大学出版社 1996 年版。
贺凯林：《溆浦方言研究》，湖南教育出版社 1999 年版。
胡建华、石定栩：《完句条件与指称特征的允准》，《语言科学》2005 年第 5 期。
李永明：《长沙方言》，湖南出版社 1991 年版。
梁银峰：《汉语趋向动词的语法化》，学林出版社 2007 年版。
刘勋宁：《现代汉语句尾"了"的来源》，《方言》1985 年第 1 期。
卢小群：《湘语语法研究》，中央民族大学出版社 2007 年版。
彭兰玉：《衡阳方言语法研究》，中国社会科学出版社 2005 年版。

沈阳、司马翎:《作格动词的形式和作格结构的构造》,《世界汉语教学》2012年第3期。

司马翎、沈阳:《结果补语小句分析和小句的内部结构》,《华中科技大学学报》2006年版。

伍云姬:《湖南方言动态助词》,湖南师范大学大学出版社1996年版。

玄玥:《完结短语假设和汉语虚化结果宾语研究》,博士学位论文,北京大学,2008年。

朱德熙:《语法讲义》,商务印书馆1984年版。

Basciano, Bianca, "Vendlerian verb classes", In *Encyclopedia of Chinese Language and Linguistics*, Vol. IV, ed. Rint Sybesma, Wolfgang Behr, Yueguo Gu, Zev Handel, C.-T. James Huang, and James Myers, 484-488. Leiden: Brill. 2017.

Belletti, A., *Generalized Verb Movement*, Turin: Rosenberg and Sellier, 1990.

Belletti Adriana, *Generalized Verb Movement: Aspects of Verb Syntax*, Rosenberg & Sellier, 1990.

Bianchi, V., *On Finiteness as Logophoric Anchoring*, Ms. Scuola Normale Superiore, Pisa, 2002.

Bohnemeyer, Jürgen and Mary Swift, "Default aspect: the Semantic Interaction of Aspectual Viewpoint and Telicity." In Proceedings of Perspectives on Aspect. Utrecht Institute of Linguistics, 2001.

Chao, Yuan Ren, *A Grammar of Spoken Chinese*, Berkeley: University of California Press, 1968.

Chomsky, Noam, *Barriers*. Cambridge, Mass: MIT Press, 1986.

Chomsky, N., Some Notes on Economy of Derivation and Representation. In R. Freidin (ed.), *Principles and Parameters in Comparative Grammar*, Cambridge MA: MIT Press, 1991.

Chomsky, Noam. The Minimalist Program. Cambridge, Mass.: MIT Press, 1995.

Cheng and Sybesma, Bare and Not-So-Bare Nouns and the Structure of NP. Linguistic Inquiry, 30, 4, 509-542, 1999.

Cheng, Lisa L.S., "On the Interaction between Modals and Aspect", *English Linguistics* 35 (2): 241-260, 2019.

Chierchia, Gennaro.1998.Reference to kinds across languages.Natural Language Semantics 6: 339-405.

Davidson, D., "The logical form of action sentences", In Rescher, N., editor, *The Logic of Decision and Action*, Pittsburgh: University of Pittsburgh Press, 1967.

De Swart, Tense, aspect and coercion in a cross-linguistic perspective. Proceedings of the Berkeley Formal Grammar conference University of California, Berkeley, 2000.

Dowty, David, *Word Meaning and Montague Grammar*, Dordrecht: Kluwer. 1979.

George, Leland.& Kornfilt, Jaklin., Finiteness and boundedness in Turkish, in *Binding and Filtering*, Cambridge: MIT Press, 1981: 105-127.

Guéron, J.and T.Hoekstra, "The temporal interpretation of predication", In A.Cardinaletti and M.Guasti, eds., *Small Clause [Syntax and Semantics 28]*, NewYork: Academic Press, 1981.

Hale, K.L.& Keyser, S.J., The basic elements of argument structure. In Papers from the UPenn/MIT Roundtable on Argument Structure and Aspect.Linguistics 32, 73-118, 1998.

Haegeman, Liliane and Raffaella Zanuttini, "Negative Heads and the Neg Criterion", *The Linguistic Review*, 1991.

Hoekstra, Teun, "Small Clause results", *Lingua*, 1988.

Hoekstra, Teun, *Arguments and Structure*, *Studies on the Architecture of the Sentence*, Berlin: Mouton, 2004.

Huang, C.-T. James, Logical relations in Chinese and the theory of grammar.Doctoral dissertation, Massachusetts Institute of Technology.1982.

Huang, C.-T.James, PRO-drop in Chinese: A generalized control theory.In *The Null Subject Parameter*, ed.Osvaldo Jaeggli and Kenneth Safir, 185-214.Dordrecht, The Netherlands: Kluwer Academic Publishers.1998.

Huang, C.T.J., Pro-drop in Chinese: ageneralizaed control theory.In The Null Subject Parameter, Osvaldo Jaeggliand Sarfir (eds.), 185-214.Dordrecht: Kluwer.1989.

Hu Jianhua, PanHaihua, and Xu Liejiong. "Is there a finite vs nonfinite distinction in Chinese", *Linguistics*, 1117-1148, 2001.

Kayne, Richard, *The Antisymmetry of Syntax*, Cambridge, MA.: MIT Press, 1994.

Klein, Wolfgang, Li Ping and Henriette Hendriks, "Aspect and assertion in Mandarin Chinese", *Natural Language and Linguistic Theory*, VOL.18: 723-770, 2000.

Krifka, M., 'The Origins of Telicity', in S. Rothstein (ed.), *Events and Grammar*, pp.197-235, Kluwer, Dordrecht, 1998.

Jackendoff, R.Twistin'the night away.Language 73.3, 534-559, 1997.

Li, Y.-H.Audrey, Abstract Case in Chinese, Doctoral dissertation, Los Angeles: University of Southern California, 1985.

Li, Y.-H.Audrey, "Theories of empty categories and Chinese null elements", *Linguistic Sciences*, VOL.6: 37-47.2007.

Lin, Tzong-Hong, Tense in a language without tense.Manuscript, University of California, Irvine.2000.

Lu, Man, *The Morpho-Syntax of Aspect in Xiāng Chinese*, Doctoral dissertation, Leiden University, 2017.

May, Robert, *Logical form*, Cambridge, Mass.: MIT Press, 1985.

Nagelhout, Janco, *De semantische en syntactische waarde van complementen in resultatieve constructies met een telisch predikaat in het Mandarijn*, BA thesis, Leiden University, 2011.

Olsen, Susan, *A Semantic and Pragmatic Model of Lexical and Grammatical Aspect*, New York: Garland, 1997.

PanHaihua 1996, Imperfective Aspect Zhe, Agent Deletion, and Locative Inversion in Mandarin Chinese. Natural Langauge & Linguistic Theory, 2, 409-432, 1996.

Pinõn, Christopher, *Achievements in an Event Semantics*, In Proceedings of SALT VII, ed.Aaron Lawson, 276-293.Ithaca, NY: Cornell University, 1997.

Pollock, jean-Yves., Verb movement, Universal Grammar, and the structure of IP.Linguistics Inquiry 20, 365-424, 1989.

Pustejovsky, James, "The generative lexicon", *Computational Linguistics*, 17 (4): 409-441, 1991.

Radford, A., *Syntactic Theory and the Structure of English*.CUP, 1997.

Radford, Andrew, *Linguistic: An Introduction*, Cambridge: Cambridge University Press, 1999.

Ramchand, G., "Aspect Phrase in modern Scottish Gaelic", In A. Schafer (ed.) *Proceedings of NELS* 23, 415-429.UMass, Amherst: GLSA, 1993.

RappaportHovav, Malka, "Lexicalized meaning and the internal temporal structure of events", *In Theoretical and Crosslinguistic Approaches to the Semantics of Aspect*, ed.Susan Rothstein, 13-42.Amsterdam: John Benjamins, 2007.

Reichenbach, Hans, Elements of Symbolic Logic. New York: Macmillan & Co.1947.

Ritter, Elizabeth, and Sara Thomas Rosen, "Delimiting Events in Syntax", In *The Projection of Arguments: Lexical and Compositional Factors*, ed. by Miriam Butt and Wilhelm Geuder, p 135-164.CSLI Pub, 1998.

Ritter, Elizabeth, and Sara Thomas Rosen, "Topic or Aspect", *In Issues and Interfaces in the Study of Aspect*, ed.By Kempchinsky P., and R.Slabakova, pp 21-40, Springer, 2005.

Roberts, Ian, and AnnaRoussou, *Syntactic change: A minimalist approach to grammaticalization*.Cambridge: Cambridge University Press, 2003.

Rothstein, Susan, *Structuring events*, Cambridge, MA: Blackwell, 2004.

Rothstein, Susan, "Telicity, atomicity and the Vendler classification of verbs", *In Theoretical and Cross Linguistic Approaches to the Semantics of Aspect*, ed., Susan Rothstein, 43-77.Amsterdam: John Benjamins, 2007.

Smith &Erbaugh, Temporal Interpretation in Mandarin Chinese.*Linguistics*, 43 (4): 303-342.2005.

Soh, Hooi Ling, and Jenny Yi-chun Kuo, "Perfective aspect and accomplishment situations in Mandarin Chinese", *In Perspectives on Aspect*, ed.Angeliek van Hout, Henriette de Swart, and Henk Verkuyl, 199-216. Dordrecht:

Springer, 2005.

Shi, Ziqiang, Decomposition of Perfectivity and Inchoativity and the Meaning of theParticle le in Mandarin Chinese, *Journal of Chinese Linguistics* 18, 95-123, 1990.

Song, Chenchen, "Severing telicity from result. On two types of resultative compound verb in Dongying Mandarin", *Journal of East Asian Linguistics*, 2018.

Su Yuying, "The parameter of temporal endpoint and the basic function of *le*", *Journal of East Asian Linguistics*, 2011.

Su Yuying, *The Syntax of Functional Projections in the VP Periphery*, PhD thesis, University of Toronto, 2012.

SunChaofen, "Aspectual categories that overlap: A historical and dialectal perspective of the Chinese ZHE", *Journal of East Asian Linguistics*, 1998.

Sybesma, Rint, "Why Chinese verb-le is a resultative predicate", *Journal of East-Asian Linguistics*, 1997.

Sybesma, Rint, *The Mandarin VP*, Dordrecht: Kluwer, 1999.

Sybesma, Rint, "Exploring Cantonese Tense", *Linguistics in The Netherlands*, eds.L.Cornips and J.Doetje, 169-180, AVT/John Benjamins, Amsterdam, 2004.

Sybesma, Rint, "Aspect, Inner", *In Encyclopedia of Chinese Language and Linguistics*, Vol.I, ed. Rint Sybesma, Wolfgang Behr, Yueguo Gu, Zev Handel, and C.-T.James Huang, 186-193, Leiden: Brill, 2017.

Sybesma, Rint, "Voice and little v and VO-OV in Chinese languages", Ms.Leiden: Leiden University.2018.

Tai, James H.-Y., "Verbs and times in Chinese: Vendler's four categories", *In Papers from the Parasession on Lexical Semantics*, ed.D.Testen, V.Mishra, and J.Drogo, 289-296.Chicago: Chicago Linguistic Society, 1984.

Tai, James H.-Y., and Janet Y.Chou, "On the equivalent of 'kill' in Mandarin Chinese", *Journal of the Chinese Language Teachers Association*, 1975.

Travis, Lisa, Derived Objects, Inner Aspect and the Structure of VP', proceedings of North Eastern Linguistic Society (NELS), 1991.

Travis, Lisa, Event structure in syntax. In *Events as Grammatical Objects*, ed.by Carol Tenny and James Pustejovsky, 145-186.Stanford, Calif.: CSLI Publications.2000.

Travis, Lisa, *Inner Aspect.The Articulation of the VP*, Dordrecht: Springer, 2010.

Vendler, Z.Verbs and Times.*Philosophical Review*, 1957.

Verkuyl, Henk, *On the Compositional Nature of the Aspects*, Dordrecht: Foris Publications, 1972.

Verkuyl, Henk, "Aspectual classes and aspectual composition", *Linguistics and Philosophy*, 1989.

Wang Chen, *The Syntax of le in Mandarin Chinese*, Doctoral dissertation, Queen Mary University London, 2018.

Wǔ, Yúnjī, *The Development of Aspectual Systems in the Chinese-Xiang Dialects*, Paris: EHESSCRLAO, 1999.

Wu, Z., "A minimalist approach to re-grammaticalization of morphology: Chinese verbal-*le* as aspect and tense", *Linguistic Variation Year Book*, 2004.

Zagona, Karen.Spanish adjectival secondary predicates, time adverbs and sub-event structure.*Cuadernos de Linguı́stica* 1: 317-354, 1993.

Zhou Minglang, "Tense/ Aspect markers in Mandarin and Xiang dialects, and their contact", *Sino-Platonic Papers*, 83, (http://www.sino-platonic.org/index.html), 1998.

参考文献

郭锐：《汉语动词的过程结构》，《中国语文》1993 年第 6 期。

贺凯林：《溆浦方言研究》，湖南教育出版社 1999 年版。

贺阳：《汉语完句成分初探》，《语言教学与研究》1994 第 4 期。

胡建华、石定栩：《完句条件与指称特征的允准》，《语言科学》2005 年第 5 期。

竟成：《普通话的成句过程和时间概念的表达》，《语文研究》1996 年第 1 期。

孔令达：《影响句子自足的语言事实》，《中国语文》1994 年第 6 期。

李荣明：《长沙方言》，湖南出版社 1991 年版。

刘勋宁：《现代汉语句尾"了"的来源》，《方言》1985 年第 1 期。

陆俭明：《"着"（Zhe）字补议》，《中国语文》1999 年第 5 期。

卢小群：《湘语语法研究》，中央民族大学出版社 2007 年版。

鲁曼：《完成体语义与事件完成——长沙方言完成体跨语言研究》，《现代外语》2010 年第 3 期。

鲁曼：《长沙方言咖和哒的用法研究》，《中国语文》2010b 年第 6 期。

瞿建慧：《湖南泸溪方言的助词"在"》，《语文研究》2007 年第 2 期。

沈家煊：《"有界"与"无界"》，《中国语文》1995 年第 6 期。

吴伶：《武汉方言的助词"在"》，《华中师范大学学报（人文社会科学版）》1998 年 S2 期。

伍云姬：《长沙方言的动态助词》，《方言》1994 年第 3 期。

项菊：《湖北英山方言的体助词"倒"》，《黄冈师范学院学报》2000 年第 2 期。

玄玥：《完结短语及普通话结果补语的句法问题》，博士学位论文，北京大学，2008 年。

朱德熙：《语法讲义》，商务印书馆1984年版。

Bianchi Valentina, *On Finiteness as Logophoric Anchoring*, Ms.Scuola Normale Superiore, Pisa, 2003.

Borer Hagit, *Structuring Sense*, Volume 1: *In name only*, Oxford: Oxford University Press, 2005a.

Borer Hagit, *Structuring Sense*, Volume 2: *The Normal Course of Events*, Oxford: Oxford University Press, 2005b.

Bybee Joan, Perkins Revere andPagliuca William, *The Evolution of Grammar: Tense, Aspect, and Modality in the Languages of the World*.Chicago: The University of Chicago Press, 1994.

Carlson Greg, *Reference to Kinds in English*, Ph.D.Dissertation.University of California, Dissertation Abstracts International VOL.38, NO.6: 3442A, 1977.

Chang Junhsing, "Stative Eventualities and Aspectual Marker *le* in Chinese", *Taiwan Journal of Linguistic*, 2003, 97–110.

Chao YuenRen, *A Grammar of Spoken Chinese*. Berkeley: University of California Press.1968.

Cheng Lisa, "Aspects of the Ba-Construction" in C.Tenny (ed.) *Studies in Generative Approaches to Aspect, Lexicon Project*, Working Papers 24, MIT.Cambridge, 1988.

Chomsky Noam, *Lectures on Government and Binding*, Foris, Dordrecht, 1981.

Chomsky Noam, *Barriers*, Cambridge, Mass: MIT Press, 1986.

Chung Sandra and Alan Timberlake, "Tense, Aspect, and Mood", in *Language Typology and Syntactic Descrition*, ed.Timothy Shoen, volume 3.Cambridge, England: Cambridge University Press, 1985.

Comrie Bernard, *Aspect*.Cambridge University Press, 1976.

Comrie Bernard, *Tense*. Cambridge University Press, 1985.

Davidson Donald, "The Logical Form of Action Sentences", in N.Rescher (ed.) *The Logic of Decision and Action*, Pittsburgh: Pittsburgh University Press, 1967, 81–95.

De Swart Hendriëtte, "Aspect Shift and Coercion", *Natural Language and Linguistic Theory*, Vol.16 1998, 347–385.

Dowty David, *Word Meaning and Montague Grammar*, Dordrecht: D. Reidel Publishing Company, 1979.

Enç Mürvet, "Anchoring Conditions for Tense", *Linguistic Inquiry*, VOL.18, 1987, p.633-637.

Flouraki Maria, *Constraining Aspectual Composition*, CSLI.Publications, 2006.

George Leland M. and Jaklin Kornfilt, "Finiteness and Boundedness in Turkish", in *Binding and Filtering*, ed.F.Heny, Cambridge: MIT Press, 1981, 105-127.

Guéron Jacqueline and Hoekstra Teun, "The Temporal Interpretation of Predication", in A.Cardinaletti and M.Guasti, eds., *Small Clauses* [*Syntax and Semantics* 28], New York, Academic Press, 1995, 77-107.

Heine Bernd, UlrikeCaudi, and Friederike Hünnemeyer, *Grammaticalization: a Conceptual Framework*, Chicago and London: University of Chicago Press, 1991.

Higginbotham James, "On Semantics", *Linguistics and Philosophy*, 1985, 547-593.

Hoekstra Teun, "Small Clause Results", *Lingua*.1988, p.101-139.

Hoekstra Teun, "ECP, Tense and Islands".Ms.Universiteit Leiden, in *Arguments and Structure: Studies on the Architecture of the Sentence* by T.Hoekstra (ed.), Berlin, Mouton, 1992.

Hu Jianhua, Haihua Pan, and Xu Liejiong, "Is There a Finite vs Nonfinite Distinction in Chinese?" *Linguistics*.2001, 1117-1148.

Huang Shizhe, *Universal Quantification with Skolemization: Evidence from Chinese and English*, New York: The Edwin Mellen Press, 2005.

Jackendoff Ray, "Parts and Boundaries", *Cognition*, 1991, 9-45.

Kayne Richard, *The Anisymmetry of Syntax*, Cambridge, MA: MIT Press, 1994.

Klein Wolfgang, *Time in Language*, London: Routledge, 1994.

Klein Wolfgang, Li Ping, andHenriëtte Hendricks, "Aspect and Assertion in Mandarin Chinese", *Natural Language and Linguistic Theory* 2000, 723-770.

Koontz-Garboden Andrew, "On the Typology of State/Change of State Alternations", in Booij, G. & van Marle, J. (eds.), *Yearbook of Morphology*, Heidelberg: Springer, 2005, 83–117.

Koontz-Garboden Andrew, States, Changes of State, and the Monotonicity Hypothesis, Ph.D.dissertation, Stanford University, 2007.

Kratzer Angelika, "Stage-level and Individual-level Predicates", In Gregory N Carson and Freansis Jeffry Pelletier (eds) *The Generic Book*, USA: The University of Chicago Press, 1995.

Krifka Manfred, "Thematic Relations as Links Between Nominal Reference and Temporal Constitution", In *Lexical Matters*, I.sag and A.Szabolsci (eds.), Standford, CA: CSLI Publications, 1992.

Li Charles N. and Sandra A. Thompson, *Mandarin Chinese: A functional Reference Grammar*, University of California Press, 1981.

Li Y-H Audrey, *Order and Constituency in Mandarin Chinese*.Dordrecht: Kluwer, 1990.

Li, Y.A. (2007).Theories of empty categories and Chinese null elements.Linguistic Sciences.Vol.6.

Liao Wei-Wen, The Architecture of Aspect and Duration, MA Thesis, National Tsing Hua University, 2004.

Lin, Jim, Event structure and the encoding of arguments: the syntax of the Mandarin and English verb phrase. PhD Thesis, 2004. Massachussetts Inst of Technology, Cambriolge.

Lin Jo-wang, "Selectional Restrictions of Tenses and Temporal Reference of Chinese Bare sentences", Lingua, 2002, 271–302.

Lin Jo-wang, "Temporal reference in Mandarin Chinese", *Journal of East Asian Linguistics*, 2003, 259–311.

Lin Tzong-Hong Jonah (Lin Tz.H), Event structure and the Encoding of Arguments: the Syntax of the Mandarin and English Verb, Ph.D.thesis, Massachusetts Institute of Technology, 2004.

Lin Jo-wang (Lin J.W.), "Time in a Language without Tense: the case of Chinese", *Journal of Semantics*, 2006, 1–53.

Lu Man, Aniko Liptak, Syesma Rint, "A Structural Account for the Differences between Accomplishment and Achiement: the case of Changsha", *Joural of East Asian Linguistics*, 2019, Vol.28, No.3, 279-306.

May Robert, *Logical Form*, Cambridge, Mass.: MIT Press, 1985.

Moens Marc and Mark Steedman, "Temporal Ontology and Temporal Reference", *Computational Linguistics*, 1988, 15-28.

Parsons Terence, *Events in the Semantics of English*, Cambridge. Mass: MIT Press, 1990.

Pollock J-Y, "Verb Movement, Universal Grammar, and the Structure of IP", *Linguistic Inquiry*, Vol.20, No.3, 1989, 365-424.

Pustejovsky James, *The Generative Lexicon*, Cambridge, Mass.: MIT Press, 1995.

Reichenbach Hans, *Elements of Symbolic Logic*, London: Macmillan, 1947.

Ritter Elizabeth and Sara Thomas Rosen, "Delimiting Events in Syntax", in *The Projection of Arguments: Lexical and Compositional Factors*, ed. by Miriam Butt and Wilhelm Geuder, CSLI Pub, 1998, 135-164.

Ritter Elizabeth and Sara Thomas Rosen, "Aspect and the Internal Structure of the Clause in Aspectual Inquiries", ed. by P. Kempchinsky and R. Slabakova.The Netherlands, Springer, 2005, 21-40.

Ross Claudia, "Temporal and Aspectual Reference in Mandarin Chinese", *Journal of Chinese Linguistics*, 1995, 87-135.

Rothstein Susan, *Structuring Event*, Blackwell Publishing, 2004.

Smith Carlota S, *The Parameter of Aspect*, Dordrecht: Kluwer Academic Publishers, 1997.

Smith, Carlota and M. Erbaugh. "Temporal Interpretation in Mandarin Chinese." *Linguistics* 43 (2005): 303-342.

Soh Hooi Ling and Kuo Jenny Yi-chun, "Perfective Aspect and Accomplishment Situations in Mandarin Chinese", *Perspectives on Aspect*, ed.by Angeliek van Hout, Henriette de Swart and Henk Verkuyl. Dordrecht: Springer, 2005, 199-216.

Soh Hooi Ling and Gao Meijia, "It's over: Verbal-le in Mandarin Chinese", In *The Grammar-Pragmatics Interface: Essays in Honor of Jeanettee K*, Gundel, eds.Nancy Hedberg and RonZacharski, Philadelphia: John Benjamins, 2007, 91-109.

Stowell Tim, "The Phrase Structure of Tense", In *Phrase Structure and the Lexicon*, J. Rooryck and L. Zaring (eds.) Dordrecht: Kluwer. 1996, 277-291.

Su Julia Y.-Y., The Syntax of Functional Projections in the VP Periphery, PhD thesis, University of Toronto, 2012.

Sun Chaofen, Aspect Categories That Overlap: A Historical and Dialectal Perspective of the Chinese Zhe. *Journal of East Asian Linguistics*. 1998, 2, 153-174.

Sybesma Rint, *The Mandarin VP*, Dordrecht: Kluwer Academic Publisher, 1999.

Sybesma Rint, "Exploring Cantonese Tense", In *Linguistics in The Netherlands*, edited by Leonie Cornipw qne Jenny Doetjes, Amsterdam: John Benjamins, 2004, 169-180.

Sybesma Rint, Whether We Tense Agree Overtly or Not.*Linguistics Inquiry*, 2007.

Sybesma Rint, "Layers in the Verb Phrase", Conference paper presented in EACL 7 Venice, 2011.

Sybesma Rint, "Aspect, Inner." ed. Rint Sybesma, Wolfgang Behr, Yueguo Gu, Zev Handel, C.-T.James Huang and James Myers (eds.), *Encyclopedia of Chinese Language and Linguistics*, Leiden: Brill, Vol I, 2017, 186-193.

Tai James. "Verbs and Times in Chinese: Vendler's Four Categories" in D.Testen et al. (eds.), *Lexical Semantics*, Chicago: Chicago Linguistic Society, 1984, 288-296.

Talmy Leonard, "The Relation of Grammar to Cognition", *Topics in Cognitive Linguistics*, ed. by Brygida Rudzka-Ostyn, John Benjamins, Amsterdam, 1988, 165-205.

Tang Sze-wing and Thomas H.-T.Lee, "Focus as an Anchoring Condition", Paper presented in the International Symposium on Topic and Focus in Chinese, The Hong Kong Polytechnic University, June 21-23, 2000.

Tenny Carol, *Aspectual Roles and the Syntax–semantics Interface*, Dordrecht: Kluwer Academic Publishers, 1994.

Tenny Carol, "Core Events and Adverbial Modification", *Events as Grammatical Objects*, ed.by Carol Tenny and James Pustejovsky, Standford, CA: CSLI Publications, 2000, 285-334.

Travis Lisa, "Event Structure in Syntax", in *Events as Grammatical Objects: the Converging Perspectives of Lexical Semantics and Syntax*, ed.by Carol Tenny and James Pustejovsky, Stanford, CA: CSLI Publications, 2000, 145-185.

Travis Lisa, *Inner Aspect: the Articulation of VP*, Springer, 2010.

Tsaiwei-Tien Dylan, "Tense Anchoring in Chinese", *Lingua*, Vol. 118, No.5, 2008.

Vendler Zeno, "Verbs and Times", *Linguistics in Philosophy*, N.Y: Cornell University Press, 1967.

Wáng William S.Y., "Two Aspect Markers in Chinese", *Language*, 1965, 457-470.

Wilhelm Andrea, *Telicity and Durativity, A Study of Aspect in Dëne Sų́ liné (Chipewyan) and German*, NewYork & London: Routledge, 2007.

Wǔ Yunji, *The Development of Aspectual Systems in the Chinese-Xiang Dialects*, Paris, CRLAO, 1999.

Wǔ Yunji, "A Synchronic and Diachronic Study of the Grammar of the Chinese Xiang Dialects", *Trends in Linguistics*, Berlin, New York: Walter de Gruyter, 2005.

Wu Zoe, "A Minimalist Approach to Re-grammaticalization of Morphology: Chinese Verbal-le as Aspect and Tense", *Linguistic Variation Year Book* 4, 2004, 261-297.

Xu Liejiong, "Towards a Lexical–thematic Theory of Control", *Linguistic Review*.1985-1986, No.5, 345-376.

Yang Suying, "The Parameter of Temporal Endpoint and the Basic Function of le", *Journal of East Asian Linguistics*, No.20, 2011, 383-415.

Yeh, Meng, "The Stative Situation and the Imperfective Zhe in Mandarin", *Journal Chinese Language Teachers Association*.1993, 69-98.

Zhōu, Minglang, "Tense/Aspect Markers in Mandarin and Xiang Dialects, and Their Contact", Sino-Platonic Papers number 83, 1998.

后　　记

　　对长沙方言中两个体标记词"咖"和"哒"产生浓厚的兴趣已经是10年的事情。在一次学术讲座中听到后来的导师Sybesma Rint关于汉语体标记"了"的相关介绍，当时觉得很奇怪，长沙方言中为什么找不到"了"的对应成分；更觉得奇怪的是普通话用"了"的地方，长沙方言中有时用"咖"或"哒"，而有时则必须两个体标记词合用。对此困惑本人也曾写过两篇文章，分别刊印在《中国语文》和《现代外语》期刊上。后来进一步完成博士论文The Morpho-syntax of Aspect in Xiang Chinese研究。论文写作得到导师们Sybesma Rint，Lisa Cheng以及Aliko（莱顿大学政策调整后规定夫妻双方不能同时指导同一论文，因此后来改为LiptakAlikó）的极大帮助和悉心的指导。原博士论文于2017年在境外出版。同年完成论文（A Structural account for the differences between achievement and accomplishment），并于2019年在Journal of East Asian上刊出。为了让读者对长沙方言中"咖"和"哒"的用法有一个系统的认识，也是为了更好地解释我们关于长沙方言体貌系统，汉语体貌系统以及由此涉及的一些理论问题例如达成体和实现体动词句法差异的看法，本书同时附上已经发表的三篇文章。

　　本书在写作过程中还得到宁春岩老师的批评和指导。宁老师对本书提出的三层次体貌结构，特别是短语层级结构和线性结构之间关系等提出了十分中肯的意见。

　　时和体是一个十分普遍同时也是十分复杂的现象，本书所涉及的现象只是这个复杂体现的一部分，甚至是很小的一部分。从这一点来说，本书权当作对汉语方言体貌特征研究的一次抛砖引玉。

　　另外，本书还得到湖南大学外国语学院规划项目的资助，一并致谢。

鲁　曼